LUBSCZYK / SCHNEIDER / HAUSER

# EHE UNLÖSBAR – FRAGEN AN BIBEL UND PASTORAL

EHE IN GESCHICHTE UND GEGENWART

Herausgegeben von Wilhelm Arnold,
Hermann Conrad und Hubert Jedin

Band III

HANS LUBSCZYK
GERHARD SCHNEIDER
RICHARD HAUSER

# EHE UNLÖSBAR

## FRAGEN AN BIBEL UND PASTORAL

MORUS-VERLAG · BERLIN

Umschlag: Paul Corazolla

Druck: ENKA-DRUCK, Berlin 41
Buchbindearbeit: J. Godry, Berlin 61

# VORWORT

Nach Ida Friederike Görres' Essay „Was Ehe auf immer bindet" und den in dem Band „Ehe – Sakrament in der Kirche des Herrn" zusammengefaßten dogmatischen und dogmengeschichtlichen Arbeiten von Klaus Reinhardt und Hubert Jedin legen wir nun den dritten Band der Reihe vor.

Er wendet sich wiederum der viel diskutierten Frage der Unauflöslichkeit der Ehe zu und bietet zunächst zwei exegetische Arbeiten zu diesem Problem. Hans Lubsczyk (Erfurt) untersucht das Eheverständnis des Alten Testaments, Gerhard Schneider (Bochum) analysiert die Aussagen des Neuen Testaments.

Die gegenwärtige pastorale Problematik umreißt Richard Hauser (Heidelberg), der seit vielen Jahren das Amt des Universitätslehrers mit dem des Gemeindepfarrers verbindet.

Jeder der Autoren ist nur für seine eigene Arbeit verantwortlich.

Die Herausgeber bedauern, den Tod ihres Kollegen, Prof. Dr. Hermann Conrad (Bonn), mitteilen zu müssen, der am 18. März 1972 heimgerufen wurde. Er hatte an der Konzeption und den Vorarbeiten zu dieser Buchreihe wesentlichen Anteil. Den vorliegenden Band widmen wir dankbar seinem Andenken.

DIE HERAUSGEBER

## INHALT

HANS LUBSCZYK

# DIE EHE IM ALTEN BUND

Nach dem Konzil begann in der katholischen Kirche eine Diskussion über die Lehre und Praxis von der Unauflöslichkeit der Ehe. Den Auftakt zu dieser Diskussion hatten zwei Interventionen des melchitischen Patriarchalvikars Elias Zoghby während der letzten Sitzungsperiode des Zweiten Vatikanischen Konzils gegeben[1]. Er hatte den unerschütterlichen Glauben der orientalischen Kirchen an die Unauflöslichkeit der Ehe klar ausgesprochen, aber dennoch eine aus pastoraler Sorge dem unschuldigen Ehegatten in genau bestimmten Fällen gewährte Dispens nicht ausgeschlossen. Zoghby nannte die Hauptpunkte, die in der nachkonziliaren Diskussion weiter entfaltet wurden[2].

Es geht aber in dieser Diskussion nicht nur um ein pastorales Problem, sondern um die Ehe als Institution überhaupt. Das Ringen um die Rehabilitierung und Zulassung der Zweitehen Geschiedener steht im großen Zusammenhang der Demokratisierungsdebatte in der Kirche[3], in der nach Ratzinger „Demokratie" eine Chiffre für eine Heilslehre ist, in der Freiheit mit der völligen Unbeschränktheit des Ich, das keiner gesellschaftlichen Begrenzung mehr unterliegt, gleichgesetzt wird[4]. So gehört die Befreiung der geschiedenen Eheleute, wie Ida Friederike Görres in dem ersten Buch dieser Reihe sagt, „zumindest unterschwellig zum Kampf um die Befreiung des Klerus von der Zölibatspflicht, um die erleichterte Laiisierung von Mönchen und Nonnen, zur Rehabilitierung der Homosexuellen, zur absoluten Freigabe der Geburtenverhinderung mit allen Mitteln bis zur Abtreibung, zur möglichsten Billigung oder Bagatellisierung außerehelicher Sexualverhältnisse, zum Streben nach Gewissensautonomie des Sexus vor und innerhalb der Ehe"[5]. Die allgemeine Allergie gegen Autorität in jeder Form, wie Staat und Familie, die unter die Rubrik „repressiv“ fallen, während die Gesellschaft weitgehend „permissiv“ geworden ist, macht eine generelle Feindschaft gegen die Autorität der Kirche unvermeidlich[6]. Ida Friederike Görres sieht sicher richtig, daß der Kampf gegen die Unauflöslichkeit der Ehe ein Teil einer Umprogrammierung des Glaubens ist, denn die unlösbare Ehe steht „system-immanent“ innerhalb eines größeren Bezugsnetzes, aus dem viele Fäden in diesem einen Knoten zusammenlaufen. Die christliche Ehe entwächst dem Zusammenhang des Glaubensganzen, des christlichen und katholischen Gottes-, Christus-, Kirchen- und Menschenbildes. Sie entwurzelt sich in dem Maß, als der Hintergrund verblaßt oder verstümmelt wird[7].

Das Konzil hat die Einheit der Schrift betont[8]. So gehört auch die Schrift des Alten Bundes zu dem Hintergrund, in dem die Lehre von der unauflöslichen Einehe sich entfaltet hat. Man wird erwarten können, daß von der Entfaltung der Theologie der Ehe und des Eherechtes im Alten Bund auch auf die gegenwärtigen Fragen ein Licht fällt. Es geht dabei nicht um die „konservative“ Verteidigung eines starren Gesetzes, sondern um das Wohl, um das Heil der Menschen und der Gesellschaft. Das pastorale Problem kann nicht unabhängig von der Frage nach der Wahrheit und nach dem Wesen des Menschen und der Gemeinschaft der Menschen untereinander und mit Gott gelöst werden. Die in der Schrift begründete Ehelehre und -praxis der Kirche hat in der Geschichte der Menschheit eine tiefgreifende, heilende und befreiende Wirkung ausgeübt. Ihre oft einschneidenden Forderungen können mit Begriffen wie „repressiv“ oder „permissiv“ ebensowenig gemessen werden, wie das Handeln eines Arztes, der einem Patienten Schmerzen zumuten, oder eines Trainers, der von einer Mannschaft das Letzte verlangen muß.

Es kann, nach dem Gesagten, nicht nur darum gehen, die die Ehe unmittelbar betreffenden Aussagen des Alten Bundes zusammenzutragen und der gegenwärtigen Problematik gegenüberzustellen. Sondern es muß gerade gefragt werden, wie die Ehe in dem Zusammenhang der ganzen

Entfaltung des Glaubens im Alten Bunde steht und sich entwickelt. Selbstverständlich werden wir die neutestamentliche Lehre von der Ehe oder gar die Praxis der Kirche nicht im Alten Testament finden. Es kann also hier nicht um eine strenge Beweisführung gehen, sondern es sollen Zusammenhänge aufgezeigt werden, die aufleuchten können, wenn wir das Alte Testament im Lichte des Neuen betrachten. Eine solche Sehweise entspricht dem Konzil, das für die rechte Auslegung der Schrift verlangt, „daß man mit nicht geringer Sorgfalt auf den Inhalt und die Einheit der ganzen Schrift achtet, unter steter Berücksichtigung der lebendigen Überlieferung der Gesamtkirche und der Analogie des Glaubens“ (DV, art. 12). Wenn wir so die Entwicklung der Ehe und ihre Stellung im Leben des alttestamentlichen Gottesvolkes betrachten, wird einerseits deutlich, daß Gott den Menschen jeweils dort abholt, wo er steht, und daß die Voraussetzung für die Gottesgemeinschaft nicht ein schon gereiftes und gereinigtes Denken und Gewissen ist. Es wird aber auch klar, daß das Erbarmen Gottes den Menschen nicht so läßt, wie er ist, sondern ihn fordert, und zwar in einer letzten Tiefe und Unbedingtheit. Einen „zahmen Gott, unbestimmt, geheimnislos, der nichts gebietet und nichts verbietet“[9], gibt es im Alten Bund nicht. Die Gemeinschaft mit ihm fordert von Israel nicht Leistungen, sondern Glaube und Hingabe, die sich in einer freien und endgültigen Entscheidung des einzelnen und der Gemeinschaft für ihn und seinen Willen und in der — wenn auch oft gebrochenen — Treue zu dieser Entscheidung erweisen. So steht in der Geschichte Israels das ganze Leben des Menschen und damit auch die Ehe in dem „größeren Bezugsnetz“[10] seines Gottesverhältnisses. Es gibt nichts, was dem Glauben an Gott nicht unter- und eingeordnet wird.

Israel hat seinen Glauben an den einen Gott in einer polytheistischen, vom Mythos geprägten Umwelt in einem schweren Ringen entfaltet und vertieft. Dieser vom ganzen Volk angenommene, nicht nur theoretische, sondern praktische und lebendige Monotheismus ist die notwendige Voraussetzung des Evangeliums des Neuen Testamentes.

Es wäre ohne diesen Glauben an den einen in der Geschichte wirkenden Gott nicht zu denken. Die treibende Kraft der inneren Entwicklung Israels ist der Bund mit Gott, der in einer kollektiven Gotteserfahrung bei der Herausführung aus Ägypten gründet[11]. Die Treue Israels zu diesem Bunde erweist sich in der Treue zum Gesetz, in dem die von Israel beim Bundesschluß übernommene Verpflichtung ausgedrückt ist. Dieses Bundesgesetz ist aber keine starre, endgültig kodifizierte Satzung. Es entfaltet sich dynamisch auf Grund der personalen Beziehung, der ausschließlichen Treue Israels, zu dem in seinem Erlösungshandeln erfahrenen Gott.

Die Bundestreue Israels schließt somit eine Gewissensentfaltung nicht aus, sondern ein. Die erstaunliche Anpassungsfähigkeit des Bundes an neue soziologische und kulturelle Verhältnisse zeigt sich in der Entwicklung des Rechtes und des gesellschaftlichen und individuellen Gewissens im Verlauf der Geschichte. Darum kann für die nach dem Konzil in der Kirche aufgebrochene Neubesinnung und Beunruhigung im Bereich der personalen und sozialen Gewissensbildung der Vergleich mit der Entwicklung des Rechtes und der Sitte im Alten Testament helfen, vorwärtsweisende und regressive Tendenzen zu unterscheiden.

In dem das ganze Alte Testament bewegenden Prozeß der Entfaltung des Gewissens und des Glaubens steht auch die Ehe. Wir müssen darum die Gewissensbildung und Rechtsentwicklung im Bereich der Ehe im Zusammenhang der gesamten Entwicklung des gesellschaftlichen Gewissens und des Glaubens Israels sehen. Wir müssen den Ausgangspunkt der Gewissensbildung ins Auge fassen, um den Zusammenhang von Recht und Bund samt seinen anthropologischen Folgen zu erkennen (1.). Von diesen grundlegenden Überlegungen her werden dann das Verhältnis von Mann und Frau (2.) und der Einfluß des Bundes auf die Erhellung des Wesens der Ehe (3. 4.) deutlich werden. Bei alldem geht es nicht — das soll noch einmal betont werden — um eine rein rationale Argumentation, sondern um den Aufweis von Zusammenhängen, die für das Verständnis des Neuen Testamentes wichtig sind. So werden wir am Ende die Vollendung des alttestamentlichen Ehebildes in der Ehe des Neuen Bundes skizzieren können (5. 6.).

## *1. Recht und Bund*

### *a) Der Ausgangspunkt der Entwicklung*

In Ägypten und stellenweise auch in Mesopotamien finden wir lange vor Israel Spuren einer erstaunlichen Entwicklung des sozialen Gewissens[12], der gegenüber die Gesellschaftsordnung Israels als primitiv erscheinen kann[13]. Dennoch ist die ägyptische Kultur längst untergegangen, während Israel und die aus ihm hervorgegangenen Religionen weiter bestehen[14]. Der Grund dafür liegt in dem Einfluß des geschichtlichen Gottesverhältnisses Israels auf das gesamte gesellschaftliche Leben. Der totale Anspruch Gottes an den Menschen im Alten Testament ist die Triebkraft für die Wandlung der anthropologischen und soziologischen Vorstellungen Israels. In den ältesten Rechtsurkunden, die von der formgeschichtlichen Forschung in den Gesetzessammlungen des Pentateuchs entdeckt wurden, ist noch das gesellschaftliche Gefüge des frühen Israel zu erkennen[15]. Es gibt eine gewisse Gütergemeinschaft. Trotz der Vielweiberei begegnen wir einer strengen geschlechtlichen Zucht. Auf Ehebruch und Unzucht steht die Todesstrafe. Die Schwachen, die Witwen und Waisen genießen den Schutz des Rechtes ebenso wie auch die Fremden[16].

Mit diesen positiven Zügen sind negative Erscheinungen verbunden. Die Sklaverei, die Blutrache, die Vielweiberei werden vom Gesetz vorausgesetzt und rechtlich geregelt. In diesen Bereichen stimmen die Rechtsordnungen Israels weithin mit dem Recht seiner Umwelt überein. Diese Rechtsordnungen stellen aber keine unwandelbaren Rechtsprinzipien dar. Man nimmt an, daß in den verschiedenen Gesetzessammlungen eine Kodifizierung des jeweils geltenden Rechtes zu sehen ist[17]. Sie geben den Stand der gesellschaftlichen und ethischen Entwicklung Israels in einer bestimmten geschichtlichen Situation wieder[18]. Daß so ein zum Teil aus der Umwelt überkommenes Recht durch den Bund mit Gott sanktioniert werden konnte, entspricht dem besonderen Gottesverhältnis Israels. Israel erfährt das Wirken Gottes in grundlegenden Ereignissen seiner Geschichte. Von daher vermag es auch in seiner eigenen inneren Entwicklung, in der Entfaltung seines Glaubens und seines Gewissens das Wirken Gottes zu erkennen. Die Gottesgemeinschaft Israels beruht nicht auf einem voll durchdachten endgültigen Lehrsystem, sondern auf Gotteserfahrung und Treue zu dem in der Geschichte handelnden Gott. So steht die Gemeinschaft Israels mit Gott nicht erst am Ende eines langen Läuterungsprozesses, sondern Gotteserfahrung und Gottesgemeinschaft sind die Wurzeln der Wandlung und Reinigung des israelitischen Denkens und Lebens.

### *b) Form und Inhalt des Bundes*

Der Zusammenhang von Recht und Bund ist in der exegetischen Forschung eingehend erörtert worden. Dabei wird betont, daß das Fundament des Bundes in der geschichtlichen Gotteserfahrung Israels liegt. Diese Erfahrung ist eine Erfahrung der Freiheit[19]. Beim Bundesschluß spricht Gott: „Ihr habt gesehen, was ich den Ägyptern getan habe und wie ich euch auf Adlersflügeln getragen und zu mir gebracht habe. Wenn ihr nun auf meine Stimme hört und meinen Bund haltet, so werdet ihr unter allen Völkern mein besonderes Eigentum sein. Denn mir gehört die ganze Erde. Ihr sollt mir ein Königreich von Priestern und ein heiliges Volk sein"[20]. Die Befreiung, in der Israel seinen Gott erfahren hat, ist die Grundlage des Bundes. Dieser Bund, der in einer freien Entscheidung des Volkes und jedes einzelnen angenommen wird, bewirkt eine endgültige Bindung an Gott, in der das Recht Israels für immer begründet bleibt.

Die Feststellung der neueren Forschung, daß das Bundesverhältnis Israels nach Analogie orientalischer Staatsverträge urkundlich festgelegt ist[21], kann zunächst befremden. Der heutige Mensch wird in der vertraglichen Regelung der Gottesgemeinschaft eine Versachlichung, eine falsche Objektivierung des ursprünglich rein personalen Verhältnisses des Menschen zu Gott fürchten. Für die Lösung dieses Problems ergibt sich aber gerade in dem altorientalischen Vertragsformular ein Ansatzpunkt.

Es geht in diesen Verträgen nicht nur und vielleicht nicht einmal zuerst um die Festlegung und Sanktionierung bestimmter gegenseitiger Verpflichtungen, sondern es geht gerade um das personale Verhältnis zwischen den Vertragsschließenden, das sich in den sachlichen Verpflichtungen ausdrückt[22]. Wenigstens dem Wortlaut nach wird das persönliche Verhältnis dem sachlichen keineswegs untergeordnet, als Mittel zum Zweck verwendet. Der Vertrag will trotz aller eindringlichen Motivationen, die in den Texten enthalten sind, die Treue des Partners nicht um seiner Sachleistungen willen erzwingen, sondern die Vertragstreue ist Ausdruck des persönlichen Freundschaftsverhältnisses zwischen den Vertragspartnern[23]. Zwei Elemente, die in diesen Verträgen häufig wiederkehren: ein Rückblick auf die Vorgeschichte der gegenseitigen Beziehungen und eine Grundsatzerklärung über die Ausschließlichkeit des Bündnisses, sind geeignet, das Gottesverhältnis Israels in einer klaren juristischen Form auszudrücken, ohne sein charismatisches Fundament zu zerstören. Im Gegenteil: durch den geschichtlichen Rückblick wird die kollektive Gotteserfahrung Israels zum Fundament des Bundes erklärt, und durch die Grundsatzerklärung wird die Ausschließlichkeit des Bundes rechtlich festgelegt. Dem entspricht die Formulierung des alttestamentlichen Grundgebotes: „Du sollst deinen Herrn lieben aus deinem ganzen (ungeteilten) Herzen, mit deiner ganzen Seele und deiner ganzen Kraft!“[24]

Der Bund ist also kein bloßes Rechtsverhältnis, sondern eine enge Gemeinschaft mit dem in der Geschichte wirkenden lebendigen Gott. So entspricht es dem Wesen des Bundes, das sich in der Entfaltung der Gotteserkenntnis und Rechtes im Lauf der Geschichte kundtut. Damit erklärt sich auch die in den Rechtsurkunden Israels festzustellende Erscheinung, daß die Rechtsentwicklung immer enger mit dem Ursprung des israelitischen Gottesverhältnisses verknüpft wird[25]. Die Rechtsentwicklung erscheint in bestimmten Sammlungen eindeutig als Konsequenz des im Bund rechtlich festgelegten Gottesverhältnisses. Das soll an einigen Beispielen kurz erläutert werden.

### *c) Die Entwicklung des gesellschaftlichen Gewissens*

Die befremdlichsten Erscheinungen in der Gesellschaftsordnung des alten Gottesvolkes sind Sklaverei und Blutrache. An diesen Beispielen soll gezeigt werden, wie sich im Verlauf der Geschichte eine gewisse Entwicklung zum Positiven vollzieht und wie diese Entwicklung gerade im Gottesverhältnis begründet ist.

In der alten Zeit erscheinen die Sklaven als Eigentum des Herrn[26]. So wird im sogenannten „Bundesbuch", das den Stand der Rechtsentwicklung in der vorstaatlichen Zeit wiedergibt[27], ein hebräischer Sklave zwar nach sechs Jahren entlassen, aber ohne Entschädigung. Hat er sein Weib mitgebracht, so geht es mit ihm, hat sein Herr ihm ein Weib gegeben, so bleibt es Eigentum des Herrn. Der Sklave kann bei seinem Weibe bleiben, doch wird er dann Sklave für immer[28].

Im Deuteronomium, das etwa den Stand der Entwicklung zur Zeit der Reformen des Hiskia und des Josia darstellt[29], wird vorgeschrieben, daß der Herr nach sechs Jahren seinen Sklaven entlassen soll. Er soll ihn gut ausstatten mit Kleinvieh, Korn und Wein. Er soll daran denken, daß er selbst ein Sklave war in Ägypten[30]. Die Urerfahrung Israels übt also hier einen Einfluß auf das gesellschaftliche Gewissen aus: Der Herr ist dem Sklaven, der ihm gedient hat, zu Dank verpflichtet. Er soll sich ihm gegenüber ähnlich verhalten, wie Gott sich gegen Israel gezeigt hat.

Im Heiligkeitsgesetz, das wahrscheinlich in seiner heutigen Gestalt aus der Zeit des Exils oder kurz nach dem Exil stammt[31], heißt es: „Verarmt dein Bruder neben dir und verkauft sich dir, da sollst du ihn nicht Sklavendienste tun lassen. Wie ein Tagelöhner, wie ein Beisasse sei er bei dir – denn meine Knechte sind es, die ich aus Ägyptenland fortgeführt habe; sie dürfen nicht in die Sklaverei verkauft werden. Herrsche über ihn nicht mit Härte und fürchte dich vor deinem Gott!“[32] Hier ist die Sklaverei praktisch aufgehoben und in ein Dienstverhältnis gewandelt. Die Befreiung des ganzen Volkes aus der Sklaverei Ägyptens durch Gott verbietet den Israeliten, ein Glied des Gottesvolkes als Sklaven zu betrachten. Das Verhalten zu den Sklaven wird mehr und mehr von dem Gedanken geprägt, daß ganz Israel einmal Sklave in Ägypten war[33]. Darum sollen die Sklaven am Sabbat ruhen wie ihre Herren[34]. Wenn ein Sklave seinem Herrn entlaufen ist, darf er nicht ausgeliefert werden[35].

Ein anderes Beispiel der Entfaltung des gesellschaftlichen Gewissens Israels ist das Gesetz der Blutrache. Die Blutrache wird vom Gesetz als bestehende Sitte vorausgesetzt[36]. Sie ist das Erbe einer Kulturstufe, in der die gesellschaftliche Verantwortung noch stark der Sippen- und Stammesorganisation verhaftet ist. Das gilt nicht nur für das vorstaatliche Israel, sondern auch noch für die Königszeit[37]. Diese überkommene Institution wird in der späteren Zeit eingeschränkt. Das Asylrecht wird entwickelt[38]. Es wird immer mehr deutlich, daß Gott allein Rache und Strafe zustehen[39]. Die Blutrache wird allmählich in ein normales Gerichtsverfahren übergeleitet[40].

### *d) Die Entfaltung der sittlichen Persönlichkeit des einzelnen Menschen*

Das Bundesverhältnis Israels bewirkt nicht nur eine Entwicklung des gesellschaftlichen Gewissens des Volkes, sondern auch eine Reifung des einzelnen. Diese geschieht vor allem durch die Entfaltung der Entscheidungsfähigkeit des Menschen[41]. Das Bundesverhältnis Israels gründet in einer freien Entscheidung des Volkes auf Grund der Erfahrung Gottes in den geschichtlichen Ereignissen des Auszugs, der Wüstenwanderung und der Landnahme. Diese Entscheidung muß von den einzelnen Israeliten nachvollzogen werden. Sie müssen sie sich zu eigen machen. Das zeigen die Formulare der Bundeserneuerung, die uns im Alten Testament in verschiedener Form erhalten sind[42]. Bei einer solchen Bundeserneuerungsfeier verkündet Josua das Glaubensbekenntnis Israels von der Errettung aus ägyptischer Knechtschaft und der Verleihung des Landes und fordert dann das Volk auf, sich für Jahwe zu entscheiden: „Entscheidet euch heute, wem ihr dienen wollt, den Göttern, denen eure Ahnen jenseits des Stromes gedient haben, oder den Göttern der Amoriter, in deren Land ihr Wohnung habt. Ich aber und mein Haus, wir dienen dem Herrn!“[43] Wenn diese Erzählung, wie man ihr anmerkt, zur Grundlage einer regelmäßig wiederholten Bundeserneuerungsfeier wird, dann wurden die Israeliten bei diesem Fest immer wieder aufgefordert, ihre Entscheidung für Jahwe zu erneuern[44]. Eine solche kultische Praxis mußte die Entscheidungsfähigkeit des einzelnen Israeliten und damit seine Personalisierung und Humanisierung entfalten. Die Entscheidung für den Bund mit Gott war immer auch eine Entscheidung für das Gesetz und für die Verwirklichung des Rechtes im zwischenmenschlichen Bereich. So mußte der Bund auch eine rechtliche Regelung der zwischenmenschlichen Beziehungen zur Folge haben. Es gibt Beispiele dafür, daß auch zwischenmenschliche Verträge durch Gott sanktioniert werden. Solche Verträge können für immer geschlossen werden, dann kann ein Denkmal errichtet werden, das zum immerwährenden Zeugnis dient[45].

Damit wird der Israelit auch zuverlässig im gesellschaftlichen Bereich. Er darf den Eid, den er einem Mitmenschen geschworen hat, nicht ändern, auch wenn ihm nachträglich klar wird, daß die Erfüllung ihm Schaden bringt[46]. Ein vor Gott Menschen gegebenes Wort gilt genauso wie das Gott selbst gegebene Versprechen des Bundes[47].

### *Ergebnis*

Im personalen Bereich bewirkt der Bund eine Höherentwicklung des Menschen. Sein Handeln wird nicht mehr grundsätzlich von seinem eigenen Interesse bestimmt, sondern vom Willen Gottes, der konkret in dem von Gott im Bund verfügten Recht erkannt wird. Der Israelit soll fähig sein, auch im sozialen Bereich endgültige Entscheidungen zu treffen, die er aufrechterhält, unabhängig von den Konsequenzen, die sie ihm bringen und die er in dem Augenblick, als er die Entscheidung fällte, noch nicht übersehen konnte.

## 2. *Mann und Frau im Alten Bund*

### *a) Die rechtliche Ungleichheit der Frau*

Die rechtliche Ungleichheit der Frau in Israel ist in seinem Eherecht begründet. In diesem Bereich ist das Alte Testament wie auf vielen anderen Gebieten von der Umwelt abhängig. In der Patriarchengeschichte finden wir in den Grundzügen das Eherecht wieder, das in Mesopotamien und Syrien im 2. Jahrtausend vor Christus galt[48]. Die Polygamie, die Israel aus der Nomadenzeit mitbringt, schließt eine Gleichberechtigung der Frau von vornherein aus. Der Mann kann vor und in der Ehe zu unverheirateten Frauen jederzeit geschlechtliche Beziehungen aufnehmen, ohne sich schuldig zu machen[49]. Dagegen ist für die verheiratete Frau jede andere geschlechtliche Gemeinschaft Ehebruch[50]. Ganz kraß kommt die Ungleichheit von Mann und Frau im Scheidungsrecht zum Ausdruck. Wenn der Mann eine Frau heimführt und heiratet und sie nicht sein Gefallen findet, kann er ihr den Scheidebrief geben und sie aus seinem Hause entlassen. Dann kehrt sie in das Haus ihres Vaters zurück[51].

Die Institution des Brautpreises kann die Frau in bestimmten Texten des Alten Testamentes wie ein Besitztum des Mannes erscheinen lassen[52]. Die Schändung einer Jungfrau kann mit Geld abgegolten werden[53]. Diese für unser Gewissen entwürdigenden Bestimmungen im Gesetz des Alten Bundes sind darin begründet, daß Israel sein Eherecht auf Grund seiner zunächst mit der Umwelt übereinstimmenden gesellschaftlichen Verhältnisse entwickelt. Besonders die Väterüberlieferungen zeigen, wie sehr das Familienleben der vorisraelitischen Stämme vom Eherecht des Vorderen Orients geprägt ist[54]. Man kann aber trotzdem die rechtliche Ungleichheit der Frau nicht Rechtlosigkeit nennen. Auch die Frau wird vom Recht geschützt, aber eben in der Stellung, die eine Frau in der damaligen orientalischen Welt einnahm[55].

### *b) Die wesentliche Gleichheit von Mann und Frau*

Es ist überraschend, daß das Alte Testament trotz der bleibenden rechtlichen Ungleichheit von Mann und Frau ihre wesentliche Gleichheit erkannt und betont hat. In bestimmten Lebensbereichen und Schichten des Alten Testamentes werden Mann und Frau gleichgeachtet. Das gilt vor allem für das Verhältnis zu Gott, aber auch für den Bereich der Familie. In der jahwistischen Schöpfungsgeschichte z. B. wird zwar die Verschiedenheit von Mann und Frau angedeutet. Der Mann wird aus der Erde geschaffen, die Frau aus dem lebendigen Menschen. Dem Mann wird die Bebauung der Erde aufgetragen, die Frau soll eine Hilfe für den Menschen sein[56]. In der Einfügung der Erschaffung der Tiere zwischen den Plan der Erschaffung der Frau und seine Durchführung kommt aber die wesentliche Unterschiedlichkeit des Menschen zum Tier zum Ausdruck[57]. Nur die Frau ist eine Hilfe, die dem Menschen entspricht, ein Gegenüber, ein Du, würden wir sagen, das das Alleinsein des Menschen aufhebt[58]. Das sogenannte „Brautlied des Adam" (Gen 2, 23) macht die fundamentale Einheit und Wesensgleichheit von Mann und Frau klar: „Diese endlich ist Bein von meinem Bein und Fleisch von meinem Fleisch. Sie soll Weib heißen, weil sie vom Manne genommen ist." Der Jahwist führt die Grundlegung der menschlichen Gesellschaft in der Zweiheit der Geschlechter auf den Schöpfungsplan Gottes zurück. Gott spricht: „Es ist nicht gut, daß der Mensch allein sei; ich will ihm eine Hilfe machen, die ihm entspricht"[59]. Die Relation der Menschen zueinander ist in der Schöpfung begründet. Die Menschen sind darum als Mann und Frau in gleicher Weise verpflichtet, den Willen Gottes zu erfüllen. Der Sündenfallbericht zeigt ihre zwar differenzierte, aber doch gemeinsame Verantwortung[60].

Die ursprüngliche wesenhafte Gleichheit der Geschlechter in der Lehre des Jahwisten wird dadurch bekräftigt, daß die Herrschaft des Mannes über die Frau als Folge der Sünde erkannt wird[61]. Die Schmerzen der Schwangerschaft, das Begehren nach dem Mann und seine Herrschaft über die Frau sind erst Folgen der Sünde, ebenso wie die Mühsal, mit der der Mann die Erde bebauen muß[62]. Jeder wird in dem ihm besonders zugewiesenen Bereich getroffen.

Die beim Jahwisten klar ausgedrückte Erkenntnis der Wesensgleichheit der Geschlechter kommt im priesterlichen Schöpfungsbericht zur Vollendung. Die Ebenbildlichkeit mit Gott wird in gleicher Weise von Mann und Frau ausgesagt: „Und Gott schuf den Menschen nach seinem Bilde, nach dem Bilde Gottes schuf er ihn, als Mann und Frau schuf er sie“[63]. Diese Erkenntnis von der wesentlichen Gleichheit von Mann und Frau kommt auch tatsächlich in vielen Erscheinungen des israelitischen Lebens zur Wirkung. So werden die Eltern überall, wo von ihnen die Rede ist, gleichgestellt: „Wer Vater oder Mutter schlägt, soll des Todes sterben“[64]. Die Frauengestalten im Alten Testament zeigen, daß es vor Gott keinen Unterschied zwischen Mann und Frau gibt. Die Frauen stehen unter der besonderen Führung Gottes ebenso wie die Männer. So erbarmt sich Gott der unfruchtbaren Hanna, die sich auch durch die Liebe ihres Mannes nicht über ihre Kinderlosigkeit hinwegtrösten läßt, und schenkt ihr den erbetenen Sohn. Er sieht auf Lea, die ungeliebte Frau Jakobs, und schenkt ihr Kinder, während er den Schoß der von ihrem Manne geliebten Rachel verschließt[65]. Abraham wird schuldig, da er seine Frau als Schwester bezeichnet und sie so in Gefahr bringt[66]. Um ihretwillen wird das Haus des Pharao von Gott geschlagen. Die Geschichte der Brautwerbung für Isaak[67] zeigt die Bedeutung der Frau für die Geschichte des Gottesvolkes. Rebekka kann sich frei für ihre Berufung entscheiden[68].

### *c) Der Erkenntnisgrund der Wesensgleichheit von Mann und Frau*

Die bleibende rechtliche Ungleichheit von Mann und Frau im Alten Bund steht in scharfem Gegensatz zu der Erkenntnis der wesentlichen Gleichrangigkeit der Geschlechter. Zwar wird die rechtliche Unterordnung der Frau ausdrücklich als Folge der Sünde bezeichnet, aber sie wird dadurch nicht beseitigt. Diese harte Dissonanz[69] zeigt, daß Gott auch das noch nicht zur Reife gelangte Gewissen des Menschen ernst nimmt. Er offenbart sich den wirklichen Menschen und holt sie dort ab, wo sie stehen[70], indem er sie in seine Gemeinschaft einlädt und darin aufnimmt[71]. Die Gemeinschaft mit Gott isoliert aber den Menschen nicht von der Gemeinschaft der Mitmenschen, in der jeder beheimatet ist. Sie wirkt sich vielmehr, wie wir gesehen haben, gerade auf die Entwicklung des gesellschaftlichen Gewissens aus. Wir können darum vermuten, daß der Erkenntnisgrund für die Wesensgleichheit von Mann und Frau gerade in der Gemeinschaft mit Gott liegt. Darauf deutet die Tatsache hin, daß die Frau zur radikalen Entscheidung für Gott ebenso befähigt ist wie der Mann und daß sie von ihr ebenso verlangt wird wie von ihm. Wie Abraham verläßt Rebekka ihre Heimat und zieht in eine für sie unbekannte Zukunft[72]. Sie zeigt einen ähnlichen Mut Gott gegenüber wie ihr Sohn Jakob. Wie er den Segen Gottes nicht nur empfängt, sondern um ihn kämpft, so auch Rebekka. Sie stiftet Jakob an, sich den Segen Isaaks zu erschleichen, und ist bereit, diese Schuld auf sich zu nehmen[73]. In ihrer Initiative liegt menschlich gesehen der Grund der Erwählung Jakobs. Eine ähnliche Entschiedenheit findet sich in einer für uns sympathischeren Form bei der Stammutter Davids, der Moabiterin Ruth[74]. Ihre Treue zu ihrer Schwiegermutter ist eine Entscheidung für Gott und wird als solche gewertet[75]. Auch Ruth tut dasselbe, was Abraham tat. Auch sie verläßt ihre Heimat und vertraut sich ganz der Führung Gottes an. So wird sie Stammutter des Königs von Israel, Stammutter des Gesalbten[76].

In der totalen Entscheidung für Gott, in der seit Abraham das ganze Leben Israels gründet und in der der Mensch über sein Leben endgültig verfügt[77], sind also Männer und Frauen gleich. Damit ist der Erkenntnisgrund der Wesensgleichheit von Mann und Frau gegeben.

### *d) Die Frau im öffentlichen Leben*

In der Geschichte Israels zeigt sich, daß im Grunde die Frau dem Manne auch im öffentlichen Leben trotz ihrer bleibenden rechtlichen Ungleichheit in gewissen Situationen als wesentlich gleichgestellt erscheint. Auch Frauen haben aktiven Anteil an der Erlösung Israels. Die Prophetin Debora bringt in der Frühzeit eine Wende der Geschichte[78]. In späterer Zeit ist Judith den Männern nicht nur gleichgestellt, sondern überlegen[79]. Die Rede des Stadtoberhauptes, des Ozias[80], mit der er versucht, die Bevölkerung wenigstens noch fünf Tage zum Durchhalten zu bewegen, und die im Vergleich zu dem Unglauben der Bevölkerung noch als Glaube und Mut erscheinen könnte, ist für Judith Verrat. Sie sagt: „Wer seid ihr denn, daß ihr am heutigen Tage Gott versucht und euch über Gott inmitten der Menschensöhne stellt? ... Wenn er uns also auch in diesen fünf Tagen nicht helfen will, so hat er doch die Macht, uns dann zu helfen, wann er will, oder uns vor dem Antlitz unserer Feinde ins Verderben zu jagen. Ihr aber, erzwingt doch nicht die Ratschlüsse des Herrn, unseres Gottes, denn nicht wie ein Mensch ist Gott, daß er sich drohen, oder wie eines Menschen Sohn, daß er sich anders bestimmen ließe“[81]. Auf diesem Hintergrund steht die mutige Tat der Judith, die allein ins feindliche Lager geht und den feindlichen Feldherrn enthauptet[82].

Wie Judith zeigen auch andere Frauengestalten der Spätzeit den Mut der Männer. Susanna entscheidet sich in ihrer Bedrängnis für Gott. Sie will lieber Gewalt und Unrecht erleiden als sündigen[83]. In dem Martyrium der makkabäischen Brüder ist die Mutter die Kraftquelle ihrer Söhne[84]. Wir erleben in ihr eine „Mutter in Israel“, die auch noch den jüngsten Sohn zum wahren Israeliten macht. Wie Israel soll er nur auf Gott vertrauen[85], nicht auf Macht, Reichtum und Waffen. In diesem Bereich sind die Frauen den Männern völlig gleichgestellt. Die wesentliche Gleichstellung der Frau im öffentlichen Leben wird für die Spätzeit von diesen Geschichten auch dann bezeugt, wenn es sich um Legenden oder Beispielgeschichten handelt. Sie zeigen in jedem Fall, wie man in der Spätzeit über die Möglichkeit dachte, die eine Frau trotz ihrer rechtlichen Ungleichheit im Leben Israels hat[86].

### *Ergebnis*

In bezug auf das Verhältnis von Mann und Frau hat die Gottesgemeinschaft Israel wesentliche Erkenntnisse gebracht. Dabei geht es um eine Erhellung des menschlichen Wesens in seiner personalen und sozialen Dimension. Das, was Israel in seinem Leben mit Gott erfahren hat – die wesentliche Gleichheit von Mann und Frau vor Gott –, wird als Schöpfungswirklichkeit erkannt: Gott hat den Menschen als Mann und Frau erschaffen. Beide sind in gleicher Weise Ebenbild Gottes. Hinter diese Erkenntnis kann und darf die Menschheit nicht wieder zurückfallen.

## *3. Die Ehe als Bild für den Bund mit Gott*

Die Erkenntnis der Wesensgleichheit von Mann und Frau stellt folgerichtig das israelitische Eherecht in Frage. Es ist mit dieser Erkenntnis nicht vereinbar. Es ist aber trotzdem im Alten Bunde nicht geändert worden. Erst Christus hat die logische Konsequenz der Wesensgleichheit gezogen und die unlösbare Einehe gefordert. Die Ungleichheit von Mann und Frau in der Ehe des Alten Bundes ist ja in einem Übergewicht des Mannes begründet, der über die Frau herrscht. So ist die Ehe eigentlich nur für die Frau endgültig bindend und unteilbar und damit gewissermaßen schon eine unauflösliche Einehe. Der Mann dagegen bleibt frei. Er wird erst im Neuen Testament in der gleichen Weise gebunden wie die Frau.

Diese Ehelehre Christi ist im Alten Bund nicht nur durch die Erkenntnis der Wesensgleichheit von Mann und Frau vorbereitet, sondern auch durch die Verwendung der Ehe als Bild für den Bund mit Gott. Es geht dabei nicht nur um einen rein äußerlichen Vergleich, sondern um einen tiefen inneren Zusammenhang. Der Mensch als Mann und Frau ist Ebenbild Gottes[87]. So ist auch das Verhältnis von Mann und Frau zueinander in der Ehe in diese Ebenbildlichkeit einbezogen. Wenn darum im Bund mit Gott Bundestreue und Beständigkeit (hesed und emet) von Gott und dem Volk in gleicher Weise verlangt werden[88], dann muß sich das Verhalten Gottes zu Israel[89] auf das Verhältnis des Mannes zu seiner Frau auswirken. So wird das Maß der ehelichen Liebe des Mannes im Neuen Bund, in dem er seine Frau lieben soll wie Christus die Kirche[90], schon in der Liebe Gottes zu seinem Volke vorbereitet. Zugleich wird darin deutlich, daß die Forderung Christi für den Mann nicht eine Erniedrigung bedeutet, sondern eine Befreiung von den Fesseln des Egoismus zur Verwirklichung seines Wesens, Ebenbild Gottes zu sein.

### *a) Der Bundesbruch als Ehebruch*

Natürlich konnte die Ehe zunächst nur so als Bild für den Bund gebraucht werden, wie sie in Israel verstanden und gelebt wurde. Da kam die rechtliche Ungleichheit von Mann und Frau anfänglich dieser bildlichen Verwendung sogar zustatten, denn wie bei altorientalischen Vasallenverträgen waren ja bei dem Bunde Israels mit Gott die Partner nicht gleich. Jahwe ist der Eheherr Israels. Jeremia und Ezechiel konnten sogar die polygame Ehevorstellung in der Gerichtsverkündigung ausnützen, um den Bundesbruch der beiden Schwesterreiche Israel und Juda unter dem Bilde der Ehe anzuklagen. Sie sprachen von zwei Schwestern, mit denen sich Gott vermählt hat und die ihm beide untreu werden[91]. Die jüngere Schwester Juda läßt sich nicht warnen durch das Schicksal der älteren Schwester Israel. Jeremia und Ezechiel setzen hier eine Tradition fort, die mit Hosea beginnt, der zuerst die Ehe als Bild für den Bund verwendet hat. Bei ihm ist die Verwendung des Bildes der Ehe für den Bund zunächst vom Bundesbruch her bestimmt[92].

Der Bundesbruch wird als Ehebruch dargestellt. Dadurch wird die Berechtigung des Fluches, der auf der Nichterfüllung des Bundes ruht, mit einer zwingenden Logik aufgezeigt. Da auf Ehebruch die Todesstrafe steht[93], ist das ehebrüchige Israel des Todes schuldig. Konsequent ergeben sich daraus die Drohungen Jahwes. Er wird sein Volk verstoßen und ihm das Land und alle Güter nehmen, die er ihm auf Grund des Bundes geschenkt hat[94]. Er wird es seinen Feinden ausliefern. Aber schon bei Hosea wird das Bild der Ehe auch ins Positive gewendet. Das Bundesverhältnis wird neu als ein Verhältnis der Liebe erkannt. Auch das Gericht ist nicht nur die unerbittliche Vollstrekkung der Strafe durch den göttlichen Richter. In dem lodernden Zorn des durch die Treulosigkeit seines Volkes zutiefst beleidigten Gottes, in seiner glühenden Eifersucht, die sich in der Verstoßung des ehebrecherischen Volkes auswirkt, offenbart sich die Liebe. Man spürt in der Verkündigung des Hosea seine eigene Lebenserfahrung. Seine Ehe mit einer Hure, die nach dem Willen Gottes zum Bilde des zerbrochenen Bundes wird[95], läßt ihn die eifersüchtige Liebe Gottes verstehen. Der Zorn Gottes ist Liebe, und so erschließt sich dem Propheten eine neue Hoffnung. Die Verstoßung Israels hat nicht seine Vernichtung zum Ziel, sondern seine Bekehrung. Wenn ihm alles genommen sein wird, wenn es von den Götzen getrennt in der Wüste alles verloren haben wird, dann wird es sich bekehren, dann wird es auf die Liebe seines Gottes wieder antworten. Diesem bekehrten Israel wird die Liebe Gottes mit einer elementaren Gewalt entgegenkommen. Er wird mit ihm einen neuen Bund schließen[96].

### *b) Liebe und Bund*

Die Verkündigung des Hosea stellt einen Markstein in der Geschichte Israels dar. Die Verwendung der Ehe als Bild für den Bund läßt das Gottesverhältnis Israels stärker als Liebe erkennen. So verwenden auch die späteren Propheten das Bild der Ehe. Jeremia redet von der Brautzeit Israels, von der Zeit der ersten Liebe, als es seinem Gott in die Wüste folgte[97]. Deuterojesaja weist die Anklagen zurück, daß Jahwe seinem Volk den Scheidebrief gegeben habe[98]. Jahwe, der Schöpfer Israels, bleibt der Eheherr seines Volkes[99]. Diese positive Entfaltung des Bildes der Ehe kann auf die Verwirklichung der Ehe im Leben der israelitischen Familie zurückgreifen. Besonders in den Patriarchengeschichten, die als ganze Familiengeschichten sind, geht es im letzten immer um die Liebe in ihren vielfältigen Formen und Ausdrucksweisen. Treue und Untreue, Unrecht und Vergebung, Glück und Leid bilden den Inhalt der Gemeinschaft der Menschen untereinander[100] ebenso wie der Gemeinschaft mit Gott[101]. Die Gemeinschaft mit Gott und die Erfahrung seiner rettenden Nähe hat die feste Form des Bundes gefunden. So läßt die Verwendung der Ehe als Gleichnis für den Bund auch den wesenhaften Zusammenhang zwischen der ehelichen Liebe und ihrer festen rechtlichen Form tiefer verstehen. Für heutige Begriffe aber stehen Liebe und Recht in einem gewissen Gegensatz. Liebe ist das Spontane, Recht das institutionell Geforderte[102]. Die rechtliche Forderung verhindert oder stört die Spontaneität des gegenseitigen Verhältnisses. Und umgekehrt scheint die spontane Zuneigung der rechtlichen Stütze nicht zu bedürfen. Die Tatsache aber, daß das Bild der Ehe für den Bund Israels mit Gott gebraucht wird, läßt uns das Verhältnis von Liebe und Recht anders sehen. Im Verhältnis Israels zu Gott gibt es nicht nur das spontane, das charismatische Ereignis, sondern die feste rechtliche Form des Vertrages.

Wir haben schon gesehen, daß in den Vasallenverträgen des Alten Orients Elemente enthalten sind, die es möglich machen, diese rechtliche Form auf das Verhältnis Israels zu Gott anzuwenden, ohne den charismatischen Grund des Bundesverhältnisses zu zerstören. In dem geschichtlichen Rückblick des Vertragsformulars kann das charismatische Geschehen zwischen Israel und Gott zur Grundlage des Vertrages werden.

Die dem Bund vorausgehende Gotteserfahrung Israels kann im Bilde der Ehe dargestellt werden. Da gilt seine Erlösung aus Ägypten als Kindheit und die Wüstenzeit als die Brautzeit, in der das Volk seinem Gott in die Ungeborgenheit folgt[103]. In dieser Zeit der jungen Liebe wird der Anteil Israels betont. Es wird positiv gesehen, daß Israel Gott mutig in die Wüste gefolgt ist, daß es auf ihn gehört hat[104]. Die Anklage, daß Israel diese Zeit der jungen Liebe vergessen habe[105], macht deutlich, worauf es auch in der Ehe ankommt. Sie ist nicht nur ein Rechts- oder gar Eigentumsverhältnis, sondern Liebe, Liebe bis zum Tode.

### *c) Die ausschließliche Liebe*

Die breite Verwendung des Bildes der Ehe bei Hosea setzt die Ausschließlichkeit der Liebe wenigstens von seiten der Ehefrau voraus. Die Anklage auf Ehebruch bedeutet ja nicht, daß Israel Jahwe überhaupt verlassen habe, sondern daß sein Herz geteilt ist, daß es neben Jahwe noch andere Götter verehren will. Es geht dabei besonders um die Verehrung der Fruchtbarkeitsgötter[106]. Israel bezeichnet zwar weiterhin Jahwe als seinen Gott, es vertraut darauf, daß er seinem Volk in der Schlacht beisteht[107], aber es glaubt, die Früchte des Landes von den Baalen zu empfangen[108]. Sein Herz ist geteilt.

Man kann vermuten, daß die Formulierung des Hauptgebotes im Deuteronomium unter dem Einfluß des Hosea steht, daß die endgültige Ausformung der Bundesforderung unter dem Einfluß des für Hosea zentralen Bildes der Ehe geschah: „Du sollst den Herrn, deinen Gott, lieben aus deinem ganzen (ungeteilten) Herzen, mit deiner ganzen Seele und deiner ganzen Kraft“[109]. Das Verbot der Verehrung fremder Götter wird so positiv als Mahnung ausgedrückt. Das Herz Israels soll ungeteilt sein. Diese Forderung liegt der Anklage des Hosea zugrunde: „Geteilt ist ihr Herz, büßen sollen sie es nun“[110]. Die Anklage wiederum setzt das Grundgebot des Bundes voraus, das die alleinige Liebe zu Jahwe gebietet. Diese Forderung der ungeteilten Liebe Israels zu Jahwe führt aber noch nicht über die polygamistischen Vorstellungen Israels von der Ehe hinaus, da Israel unter dem Bilde der Frau gesehen wird, die immer zu einer ungeteilten Liebe und Treue verpflichtet war[111]. Tatsächlich wird aber in der Verkündigung der

Propheten deutlich, daß der Bund nicht nur ausschließlich ist von seiten Israels, sondern auch von seiten Gottes. Es gibt nur *ein* Gottesvolk und nicht mehrere. Das wird schon in dem Adlerspruch deutlich: „Wenn ihr nun auf meine Stimme beharrlich hört und meinen Bund haltet, so werdet ihr unter allen Völkern mein besonderes Eigentum sein; denn mein ist die ganze Erde!" Dementsprechend sagt Gott bei Amos: „Nur euch habe ich erwählt aus allen Sippen der Erde. Darum suche ich an euch heim alle eure Schuld"[112]. Auch Deuterojesaja hält in der Verbannung trotz seiner universalen Heilshoffnung für alle Völker die einzigartige Erwählung Israels und Sions aufrecht. Auch für ihn gibt es nur ein Gottesvolk, das Gott nie vergißt[113], das er erlöst und heimführt[114]. In der Errettung dieses einen Volkes offenbart er sich der ganzen Menschheit[115] und richtet seine Königsherrschaft vor den Augen der ganzen Welt auf[116]. Die Erlösung der Völker geschieht auch bei Deuterojesaja nicht an Israel und Sion vorbei, sondern ist die Frucht der Erlösung des einen Gottesvolkes und seiner heiligen Stadt Jerusalem[117]. So hat die Verwendung des Bildes der Ehe für den Bund eine geistige Dynamik in sich, die nicht nur den Polytheismus überwindet, sondern auch das Verständnis der Ehe selbst verändert und zur Aufhebung der Polygamie hin tendiert.

### *d) Synkretismus als Hurerei*

Das Bild der Ehe wird bei Hosea nicht nur gegen die Verehrung fremder Götter gebraucht, sondern auch gegen eine synkretistische Jahwe-Verehrung. Nicht nur der Polytheismus ist Hurerei, sondern auch die Nennung Jahwes mit dem Baals-Namen[118]. Was bedeutet das? Der in alten Vorschriften des Gesetzes gründende[119] und doch von den Propheten[120] und später vom Deuteronomium[121] und der deuteronomistischen Bewegung[122] verworfene Kult auf den Höhen ist Jahwe-Kult. Diese Höhen sind Jahwe-Heiligtümer[123]. Aber diese Höhenheiligtümer sind anfällig gegen den Synkretismus[124]. Der Jahwe-Dienst wird hier häufig in der sexualisierten Form der kanaanäischen Kulte ausgeübt[125]. Leidenschaftlich hofft Hosea auf den Tag, an dem dieser synkretistische Jahwe-Dienst überwunden wird. „An jenem Tage, spricht Jahwe, wird sie mich nennen ‚mein Mann' und nicht mehr ‚mein Baal'. Ich entferne die Baals-Namen aus ihrem Mund, damit selbst ihre Bezeichnung nicht mehr erwähnt wird"[126]. Man kann auch die Anklage des Amos, daß Vater und Sohn zur gleichen Dirne gehen und daß sie auf gepfändeten Kleidern neben jeglichem Altar schlafen und Bußgelderwein trinken im Hause ihres Gottes[127], auf diesen synkretistischen Jahwe-Dienst beziehen. Man kann annehmen, daß diese Funktion des Bildes der Ehe für die Reinerhaltung des Jahwe-Bundes auch auf die Vorstellungen von der Ehe selbst zurückwirken mußte. Hier werden Mahnungen des Neuen Testamentes, die Ehe heilig zu halten, vorbereitet[128].

### *e) Der ewige Bund*

Der Bund Israels mit Jahwe wird des öfteren als ein ewiger Bund bezeichnet[129]. Im Gottesdienst kann die ewige Bundestreue Gottes litaneiartig bekannt werden: „Denn in Ewigkeit währt seine Treue"[130]. In dieser ewigen Treue Gottes, die er trotz der Untreue Israels aufrechterhält, gründet die Hoffnung des Volkes auf einen neuen Bund. Auch die leidenschaftlichen Anklagen des Hosea gegen das ehebrecherische Volk und die Verwendung der Scheidungsformel im Auftrag Gottes: „Ihr seid nicht mehr mein Volk, und ich bin nicht mehr euer Gott"[131] – und im Bilde der Ehe: „Sie ist nicht mehr mein Weib und ich nicht mehr ihr Mann"[132], sind keine endgültige Ehescheidung. Hosea ist auch und gerade in seiner Anklage des Bundesbruches von der Hoffnung auf die Bekehrung des Volkes beseelt. Er hofft, daß das verstoßene Volk in der Wüste wieder auf die Liebe seines Gottes antworten wird[133] und daß dann Gott seinen Bund mit dem Volke auf ewig erneuert. Er sagt: „Auf ewig verlobe ich mich dir, verlobe mich dir um Recht und Gerechtigkeit, um Huld und Erbarmen, verlobe dich mir um beständige Treue, auf daß du den Herrn erkennst"[134]. Diese Hoffnung auf einen neuen, ewigen Bund wird bei Jeremia, Ezechiel und Deuterojesaja entfaltet[135]. So spielt das Bild der Ehe in der Entfaltung der Zukunftshoffnung Israels eine große Rolle[136]. Jahwe liebt sein Volk mit ewiger Liebe[137]. Er wird einen ewigen Bund mit diesem Volke schließen und sein Gesetz in das Herz dieses Volkes schreiben[138]. Er wird sein Volk von aller Unreinheit reinigen[139] und ihm ein neues Herz und einen neuen Geist geben, um für immer bei ihm zu wohnen[140]. Dieser neue Bund wird ein Ehebund mit dem Schöpfer sein[141]. Man kann sich in einer Ehe kaum tiefere Krisen vorstellen als die, die den Bund Gottes mit seinem Volk erschüttert haben. Sie führen zum Zerbrechen des Bundes[142]. Aber die Scheidung ist nicht das Ende. Deuterojesaja eröffnet seine Botschaft von der Erlösung Israels aus der Gefangenschaft mit den Worten: „Tröstet, tröstet *mein Volk*, spricht *euer Gott*, redet Jerusalem zu Herzen und ruft ihr zu: Erfüllt ist ihre Dienstpflicht, bezahlt ihre Schuld. Doppeltes empfing sie aus der Hand ihres Herrn für alle ihre Sünden". Deuterojesaja spricht die Sprache des Hosea. Jerusalem erscheint als Frau, der Gott „zu Herzen redet"[143]. Unter dem Bilde der Ehe wird die Wiederherstellung des Bundes dargestellt. So bereitet sich schon im Alten Bund die Hoffnung auf das ewige Hochzeitsmahl vor[144].

### *f) Die Größe des Volkes*

Die Verheißung, Gott werde Israel zu einem großen Volke machen[145], war in Ägypten erfüllt worden[146]. Es gab aber Zeiten, in denen nur ein Rest des stolzen Gottesvolkes übrig blieb[147] und die Gefahr des Unterganges drohte. In dieser Situation kann das Bild der Ehe die Angst und Hoffnung[148] des Volkes ausdrücken. Jerusalem erscheint wie eine kinderlose Witwe oder wie ein unfruchtbares Weib, das von Gott in seinem Elend getröstet wird[149]. Daß das Bild der Ehe die Hoffnung auf das Heil „der Vielen"[150] ausdrücken kann, ist in der Liebe der israelitischen Familie zum Kinde begründet[151]. Einer Frau genügt die Liebe ihres Mannes nicht, wenn Gott ihr keine Kinder schenkt[152]. So tröstet Deuterojesaja das verödete Jerusalem: „Frohlocke, du Unfruchtbare, die nicht gebar, brich los und juble, die nicht gekreißt! Denn zahlreicher sind die Söhne der Vereinsamten als die der Vermählten, spricht der Herr"[153].

### *Ergebnis*

Das Bild der Ehe ist geeignet, den Alten Bund in verschiedenen Aspekten umfassend darzustellen. Das dem Bunde zugrundeliegende ursprüngliche Gottesverhältnis Israels, die Einzigkeit des Bundes, die Reinheit und Fruchtbarkeit des Volkes sowie die Unauflöslichkeit des Bundes mit Gott werden aus ihrer rechtlichen Grundlage verstanden. Vor allem aber wird deutlich, daß das Gottesverhältnis Israels auf einer Entscheidung beruht, einer Entscheidung Gottes für das Volk und einer Entscheidung des Volkes für Gott. In dieser geistigen Entscheidung gründet die Eigenart des geschichtlichen Gottesverhältnisses Israels. Sie hebt die Gottesbeziehung Israels über das rein Naturhafte hinaus. Sie ist ein personales und geschichtliches Element, das in sich eine Dynamik birgt, die sich zum Neuen Bund hin auswirkt. Es ist schon klar geworden, daß sich die Verwendung der Ehe als Bild für den Bund mit Gott auch auf das Verstehen der Ehe selbst auswirken mußte. Das soll im folgenden noch weiter ausgeführt werden.

## *4. Der Bund mit Gott als Erkenntnisgrund für das Wesen der Ehe*

Die Gleichrangigkeit der Frau mit dem Mann ist, wie wir gesehen haben, schon früh auf Grund der Gotteserfahrung erkannt worden. Diese Erkenntnis hat sich im Bereich der Familie und auch im öffentlichen Leben in gewisser Weise auch ausgewirkt. Es hat sich schon am Ende des vergangenen Abschnitts gezeigt, daß die Verwendung der Ehe als Bild für den Bund nicht ohne Einfluß geblieben ist auf das Verständnis der Ehe. Dadurch, daß die Ehe in den größeren Zusammenhang der Gemeinschaft mit Gott tritt, geschieht eine Erhellung der menschlichen Existenz, nicht nur nach ihrer personalen, sondern auch nach ihrer sozialen Seite.

Es geht bei der Verwendung der Ehe als Bild für den Bund nicht um einen Überbau, darum, daß auf die Natur, die

Gott in einer verhältnismäßigen Eigenständigkeit gegenübersteht, eine ihr fremde übernatürliche Bestimmung aufgestockt wird. Die Gottesgemeinschaft ist für Israel keine Entfremdung des Menschen von seinem eigentlichen Selbst, sondern der Mensch findet sich in seinem persönlichen und gesellschaftlichen Sein in der Gemeinschaft mit Gott. Er verliert sich und verliert den Mitmenschen, wenn er Gott verliert.

Wenn darum der Bund mit Gott zum Maßstab wird für die Ehe, dann ist das keine Überforderung des Menschen, keine Verfälschung seiner Beziehung zum anderen, sondern die Wiederherstellung der ursprünglichen Schönheit des Ebenbildes Gottes in seiner personalen und sozialen Realität.

### *a) Personale Gemeinschaft*

Die rechtliche Form des Bundes wird von Israel nicht als Zwang empfunden, als Beeinträchtigung der Freiheit. Im Gegenteil: die Entscheidungsfähigkeit, die der Mensch im Umgang mit Gott gewinnt, weil er aus der egoistischen Isolierung gelöst und zur Hingabe seiner Person befähigt wird, wirkt sich in der Treue zum Bund aus[154]. Treue zum Bund ist darum Treue zu sich selbst und zu seinem eigenen Wesen, Untreue zum Bund ist Verlust der Freiheit, Verlust seiner selbst[155].

Wenn also die Ehe als Bild für den ausschließlichen Bund des Menschen mit dem einen Gott verwendet wird und wenn offenbar gerade durch die Verwendung dieses Bildes bei Hosea die Betonung der Liebe zwischen Gott und Israel im Deuteronomium provoziert wird, dann muß notwendig auch die Ehe selbst in einem neuen Lichte erscheinen. Der Ehebund zwischen Gott und seinem Volk erscheint als Gipfel der Erwählung und des Heilshandelns in der Befreiung des Volkes. Israel bleibt in der Erfahrung Gottes nicht passiv Gegenstand der göttlichen Liebe und Fürsorge. Die Liebe des Volkes ist nicht nur Erfahrung der Freundlichkeit Gottes, Begeisterung für seine Herrlichkeit und Größe, Dankbarkeit für das, was er getan hat, sondern die Hingabe seiner selbst in einer endgültigen Entscheidung, in einer Liebe für immer[156]. In dieser Entscheidung ist Israel nicht nur Objekt des Heilshandelns Gottes, es wird zum Partner des lebendigen Gottes[157].

Aus dieser Erfahrung mit Gott gewinnt die Ehe eine neue Dimension. Analog zeichnet sich hier auch eine neue Möglichkeit menschlicher Liebe ab in einer endgültigen Entscheidung für den anderen, die von Gott selbst bestätigt wird und die nicht widerrufen werden kann und die der die Ehe Schließende auch nicht widerrufen will. Erst wenn einer ohne Bedingung und Vorbehalt sich selbst dem anderen für immer geschenkt hat, tritt er aus der egoistischen Selbstisolierung heraus, in der er den anderen immer als ein Stück seines Lebens in sein eigenes Bild und Verständnis der Welt einordnet[158] und so im Grunde für sein eigenes Glück benutzt. Erst in der unwiderruflichen Hingabe seiner Person wird er frei zu einer schenkenden selbstlosen Liebe, in der er die Liebe Gottes nachahmt und damit zur Erfüllung seines Wesens kommt, als Ebenbild Gottes zu leben.

Nur wenn die rechtliche Form der Ehe so verstanden wird, als höchster, endgültiger Ausdruck der sich hingebenden Liebe, der Krisen und Bewährungen standhält und auch im scheinbaren Scheitern durchgehalten werden kann, kommt der Mensch zu seiner Reife. So wird in der Gemeinschaft mit Gott die wahre Möglichkeit der Vollendung des Menschen sichtbar, nicht als eine Überfremdung seines Wesens, nicht als starres Gesetz, sondern als Offenbarung seines ursprünglichen Bildes, nach dem er geschaffen ist. Der Bund mit Gott ist Erkenntnisgrund des wahren Wesens des Menschen. In der Ehe wird er Gott nicht nur als Person, sondern auch in seinem gesellschaftlichen Sein ähnlich[159].

### *b) Einheit und Unauflöslichkeit*

Israel hat die Einheit und Unauflöslichkeit der Ehe als rechtliche Ordnung nicht erreicht. Aber der Bund Israels mit Gott, für den die Ehe als Bild verwendet wird, ist ausschließlich und unauflöslich. Diese Tatsache muß sich auf das Verständnis der Ehe auswirken. Wenn der Polytheismus als Ehebruch bezeichnet wird und wenn außerdem aus der Erfahrung Gottes die wesentliche Gleichheit von Mann und Frau erkannt wird, dann ist damit die Polygamie prinzipiell erledigt. Ist diese Konsequenz, die von Christus gezogen wird, schon im Alten Bund irgendwie angedeutet?

Wir können schon in einer Zeit, in der die Ehe noch nicht als Bild für den Bund mit Gott gebraucht wurde, eine Bestätigung dieser Folgerung finden[160]. In der jahwistischen Urgeschichte wird die Vielweiberei in unmittelbaren Zusammenhang mit der aus der Sünde gewachsenen Gewalttätigkeit gebracht[161]. Die Sünde des Menschen gegen den Menschen, die in Kain dargestellt ist[162], wächst sich in dem von ihm abstammenden Lamech zum Prinzip der Gewalt aus. Lamech brüstet sich: „Wird Kain siebenmal gerächt, dann Lamech siebenundsiebzigmal“[163]. Von Lamech wird als erstem gesagt: „Er *nahm* sich zwei Frauen“[164]. Dieses Wort „nehmen“ ist ein Leitwort[165] in der jahwistischen Ur- und Vätergeschichte und wird immer wieder im Zusammenhang mit der Sünde gebraucht. Die Frau *nimmt* von der Frucht des verbotenen Baumes[166]. Die Göttersöhne *nehmen* sich Frauen aus den Menschen, so viele ihnen gefallen[167]. Die Ägypter werden Sara, wenn sie ihre Schönheit sehen, *nehmen* und Abraham töten[168]. Lot *wählt* sich sein Land, während Abraham das verheißene Land von Gott empfängt[169]. Sara *nimmt* ihre Magd und gibt sie ihrem Mann zum Weibe, und er hört auf die Stimme seines Weibes und wird dadurch schuldig wie Adam[170]. Die durch die Sprache betonten Zusammenhänge drücken die Erkenntnis aus, daß der Mensch sich, wenn er etwas eigenmächtig an sich reißt, von Gott trennt. Der Besitz mehrerer Frauen liegt also für den Jahwisten offenbar in der Linie des eigenmächtigen Nehmens, des Sündenfalls.

Gott aber hat dem Mann *eine* Frau gegeben. Sie sollten zu einem Fleisch werden[171]. Hier ist die ursprüngliche Einheit der Ehe wenigstens angedeutet. Wenn wir diese Weisheitslehre des Jahwisten richtig beurteilen wollen, müssen wir sie im Zusammenhang des ganzen Alten Testamentes sehen[172]. Der Jahwist stellt in der Urgeschichte den Ursprung der Menschheit im Lichte der Gotteserfahrung Israels und des Bundes mit ihm dar[173]. Offenbar sind die ewige Bundestreue Gottes[174] und die von Gott bewirkte Treue Israels[175] nicht erst eine Erkenntnis der Spätzeit, sondern schon im Ansatz des Bundes, wenn auch nicht reflex, gegeben. So wirkt sich die Gottesgemeinschaft auch auf das Verständnis der Ehe aus. Die Einheit von Mann und Frau ist im Wesen des Menschen verankert und offenbar endgültig. Den Grund für die Anziehungskraft, die Mann und Frau füreinander haben, liegt in ihrer ursprünglichen Einheit. Adam sagt von der Frau, die Gott ihm zuführt: „Dies endlich ist Fleisch von meinem Fleisch und Bein von meinem Bein“[176]. So „verläßt der Mann Vater und Mutter, um seinem Weibe anzuhangen“. Dieses Verlassen des bisherigen Lebenskreises erinnert an den Aufbruch Abrahams aus Haran, bei dem er alle Brücken hinter sich abbrach[177], um dem Rufe Gottes zu folgen. Die Einheit von Mann und Frau in der Ehe und das „Anhängen“ des Mannes an seinem Weibe können in Israel nicht in einem rein triebhaften Verlangen begründet sein, sondern, wie es Jesus auslegt, im Willen Gottes. Für „Anhängen“ wird dasselbe Wort gebraucht, das im Deuteronomium und in der deuteronomistischen Schule öfters für das Gottanhangen des Menschen verwendet wird. Das Wort, das die feste Bindung der Ehe ausdrückt, wird also möglicherweise auch vom Gottesverhältnis Israels geprägt. Tatsächlich ist die Ehe in den Familiengeschichten des Alten Bundes untrennbar. Es wird nirgends berichtet, daß einer der Patriarchen oder Propheten sein Weib verstoßen habe. Auch Hosea verläßt sein untreues Weib nicht, sondern gibt ihr eine Hoffnung auf Wiederaufnahme der ehelichen Gemeinschaft[178].

### *c) Reinheit*

Die aus der Wüste kommenden israelitischen Stämme haben die kanaanäische Religion und Sitte als Hurerei verabscheut[179]. Tatsächlich sind die Kulte Kanaans, wie das Alte Testament zeigt[180] und die archäologischen Forschungen in Ugarit bestätigen[181], stark von sexuellen Vorstellungen und Riten geschwängert. Dieser Kult übte seinen Einfluß auf das ganze Leben aus. In Israel wurde ein harter und schließlich erfolgreicher Kampf gegen den Einfluß der kanaanäischen Kulte geführt. Zwar hat Israel in vieler Beziehung von der Kultur und Religion Kanaans gelernt: Rechtspraxis, Erntefest, Tempelbau usw.[182] sind von der Umwelt her beeinflußt. Aber die Propheten bekämpfen leidenschaftlich den Baals-Kult[183] und eine synkretistische Verfälschung des Jahwe-Kultes[184]. Der Kampf richtet sich vor allem gegen die Sexualisierung der Religion und des ganzen öffentlichen Lebens, die besonders im Nordreich durch phönizische Einflüsse droht[185]. Es scheint, daß sich diese Auseinandersetzung auch im Bereich der Ehe und der Familie ausgewirkt hat. Gewiß sind die scharfen Verbote der Geschlechtsgemeinschaft innerhalb der Familie alt[186]. Auf geschlechtliche Vergehen an Blutsverwandten steht seit alter Zeit die Todesstrafe[187]. Dabei geht es nicht nur um eigentliche Geschlechtsgemeinschaft, sondern, wie die Geschichte Chams, des jüngsten Sohnes des Noe, zeigt[188], um die Wahrung der körperlichen Intimsphäre. Die Aufdeckung der Scham des Vaters ist ein todeswürdiges Verbrechen. Es handelt sich dabei nicht um ein primitives Tabu, sondern, wie die soziale Gewissensentwicklung Israels zeigt, um eine Humanisierung und Personalisierung der Familiengemeinschaft[189], die sich im Laufe der Zeit verstärkt. Ein Beispiel für die Gewissensentwicklung in diesem Bereich ist die Geschwisterehe. In der Patriarchenzeit und noch in der Davidszeit besteht die Möglichkeit einer Ehe zwischen Halbgeschwistern, wenn sie nur nicht dieselbe Mutter haben[190]. In der Spätzeit steht auf Geschlechtsgemeinschaft unter Halbgeschwistern in jedem Fall die Todesstrafe, mag es sich um Kinder des gleichen Vaters oder Kinder der gleichen Mutter handeln[191]. Im Heiligkeitsgesetz werden die uralten Gesetze über todeswürdige sexuelle Vergehen im Bereich der Familie an die Spitze der Gesetze über die Heiligung des Menschen gestellt[192]. Sie stehen unmittelbar nach dem Gesetz über die Einheit der Kultstätte an derselben Stelle, wo im Deuteronomium ein weit ausladendes Gesetz über die Todesstrafe bei Verführung zum Götzendienst steht[193]. Dort also, wo im Deuteronomium der eigentliche Bundesbruch genannt wird, der Abfall zum Götzendienst, steht im Heiligkeitsgesetz ein Gesetz der Mitmenschlichkeit aus dem Bereich der sexuellen Zucht in der Familie. Es geht im Heiligkeitsgesetz ebenso wie im Deuteronomium um die Kultfähigkeit, um die Voraussetzungen für die Gemeinschaft mit dem in Israel gegenwärtigen heiligen Gott[194]. Heute werden vielfach Keuschheit und geschlechtliche Zucht als leibfeindlich verdächtigt. Man nimmt leichthin an, daß sie aus dualistischen Strömungen herkommen, die in der Geschichte der Kirche hartnäckig immer wieder aufleben.

In Israel kann die geschlechtliche Zucht keine dualistischen Wurzeln haben[195], weil es leibfeindliche Tendenzen nicht kennt. Es führt auch den geschlechtlichen Bereich auf die Schöpfung Gottes zurück. Aber gerade dieses Volk erkennt die eminente Bedeutung geschlechtlicher Reinheit und sucht sie zu bewahren. Schon der dem Jahwisten nahestehende Verfasser der Thronfolgegeschichte Davids[196] zeigt den verheerenden Einfluß gerade sexueller Verfehlungen in der Geschichte des Königs und seiner Söhne[197]. Es geht nicht um eine Dämonisierung des Geschlechtlichen[198], sondern um die Aufdeckung des Unrechtes, das dort geschieht, wo der geschlechtliche Bereich der völligen Unterwerfung unter den Willen Gottes entzogen wird[199].

Der Mitmensch ist Gottes Geschöpf und darf nicht zum Objekt selbstsüchtigen Begehrens werden. Darum wird auch der Partner in der Ehe in seiner Personalität als von Gott gegeben erkannt. Und so führt von der Entsexualisierung des Kultes eine direkte Linie zur Personalisierung der menschlichen Beziehungen in der Familie. In dieser Sicht kann auch die Aufnahme des Hohen Liedes in den Kanon gesehen werden. Sicher war diese Übernahme in der Verwendung der Ehe als Gleichnis für den Bund begründet[200]. Aber sie hat auch anthropologische Voraussetzungen und Konsequenzen. Trotz der leidenschaftlichen Kraft, mit der die geschlechtliche Liebe[201] im Hohen Liede dargestellt ist, ist diese überall transparent für das Personale[202]. Gerade das Hohe Lied zeigt, daß die Personalisierung der Liebe zwischen Mann und Frau nicht zu einer Abwertung des geschlechtlichen Bereiches führt, sondern zu seiner Humanisierung.

### *Ergebnis*

Es zeigt sich, daß der Bund Israels mit Gott ebenso zur Erhellung des Wesens der Ehe führt, wie die Gotteserfahrung den Erkenntnisgrund für die wesentliche Gleichheit von Mann und Frau hergibt. Die Konsequenzen aus den hier grundgelegten Erkenntnissen werden jedoch erst im Neuen Bund gezogen. Es ist deutlich geworden, daß durch den Bund die ursprüngliche Schöpfungswirklichkeit der Ehe in den Blick kommt. In der Einheit und Unauflöslichkeit des Bundes, für den die Ehe als Bild gebraucht wird, zeichnet sich schon die unauflösliche Einehe des Neuen Bundes ab. Die Entsexualisierung des Familienbereiches läßt eine wachsende Personalisierung und Humanisierung im Bereich der Ehe erkennen. Am Ende kann die Frage gestellt werden, wie sich die hier aufgezeigten Entwicklungslinien im Neuen Testament vollenden und welche Ansätze sich vom Alten Testament her zur Beantwortung der in der Gegenwart neu gestellten Probleme der Unauflöslichkeit der Ehe ergeben.

## *5. Die neutestamentliche Ehe im Lichte des Alten Bundes*

In Christus erfüllt sich die im Alten Bund gegebene Verheißung eines neuen Bundes, in dem Gott sein Gesetz in das Innere der Menschen legt[203]. Diesen Neuen Bund hat Christus in seinem Blute gestiftet[204]. Sein Gesetz ist das neue Gebot, daß wir einander lieben, wie er uns geliebt hat[205]. In diesem Neuen Bund ist die Kirche begründet als unzerstörbare Keimzelle der Einheit, der Hoffnung und des Heiles[206]. Sie ist das neue Volk Gottes[207], das in verschiedenen Bildern dargestellt werden kann[208]. Ihre Einheit in Christus kann im Bilde des mystischen Leibes[209] und wie im Alten Bunde auch unter dem Bilde der Ehe[210] veranschaulicht werden.

### *a) Die Ehe als Bild für den Neuen Bund*

Schon im Markusevangelium bezeichnet sich Jesus als „Bräutigam“ und seine Jünger als „Hochzeitsgäste“: „Die Hochzeitsgäste können nicht fasten, wenn der Bräutigam bei ihnen ist. Solange sie den Bräutigam bei sich haben, können sie nicht fasten. Es werden aber Tage kommen, da der Bräutigam von ihnen genommen ist, dann, an jenem Tage werden sie fasten“[211]. Dreimal wird das Wort „Bräutigam“ wiederholt. Diese Aussage Jesu steht im Zusammenhang vieler schockierender Selbstaussagen im Markusevangelium, die den Schriftgelehrten und Pharisäern Anstoß geben. Jesus tritt immer wieder an die Stelle, an der im Alten Bund Gott selbst steht. Er vergibt Sünden[212], er bezeichnet sich als Herrn über den Sabbat[213], als Arzt für die Sünder[214], er heilt die Kranken. In diesem Zusammenhang muß auch die Selbstbezeichnung „Bräutigam“ gesehen werden. Im Alten Testament kann es nur einen Bräutigam des Volkes Gottes geben: Gott. Wenn die Jünger „Hochzeitsgäste“ genannt werden, dann sind sie damit als der Anfang eines neuen Gottesvolkes bezeichnet. Die Bezeichnung Jesu als „Bräutigam“ setzt sich in den späteren Evangelien fort. Bei Matthäus wird die eschatologische Erwartung mit dem Bilde der Hochzeit verbunden[215]. Das Gleichnis vom Gastmahl wird zum Gleichnis vom Hochzeitsmahl: Der König lädt die Gäste zur Hochzeit seines Sohnes ein[216]. Auch Paulus sieht das Verhältnis der Gemeinde zu Jesus unter dem Bilde der Brautschaft: „Denn ich eifere um euch mit Gottes Eifer, habe ich euch doch *einem* Manne verlobt, euch als reine Jungfrau Christus zugeführt“[217]. Hier wird die Einheit, die Ungeteiltheit dieser Verbindung betont, und damit kehrt Paulus zu der ursprünglichen Verwendung des Bildes der Ehe im Alten Bunde zurück.

Vor allem aber wird die Erwartung der Wiederkunft Christi unter dem Bilde von Braut und Bräutigam gesehen. In dem Gleichnis von den zehn Jungfrauen bei Matthäus[218] ist nicht von der Braut die Rede. Die Jungfrauen, die auf den Bräutigam warten, stellen die Kirche dar[219]. Ihr verschiedenes Schicksal schärft die Notwendigkeit der Erwartung ein[220]. In der Apokalypse endlich erscheint das himmlische Jerusalem als die Braut, das Weib des Lammes[221]. Das Bild der Ehe wird also auch für den Neuen Bund gebraucht. Es betont vor allem die Hingabe, die volle und ungeteilte Gemeinschaft der Kirche und der einzelnen Jünger Jesu mit ihm. So behält das Bild der Ehe die Funktion, die es im Alten Testament hatte, in einem neuen Zusammenhang. Es betont die Entscheidung für Christus, der an die Stelle des Vaters tritt, und die ungeteilte Hingabe an ihn. Es drückt aber auch die Freude der Braut aus, deren Erwartung sich in der Ankunft Jesu erfüllt und vollendet[222].

### *b) Das Geheimnis der Ehe*

Der enge Zusammenhang zwischen Gottesgemeinschaft und Mitmenschlichkeit, der in Israel durch die Einheit von Bund und Gesetz gegeben ist und der im Alten Bund die Entfaltung des sozialen Gewissens bestimmt, vollendet sich in Christus. In ihm begegnet uns Gott als Mensch. In ihm sind für uns Gottesgemeinschaft und Mitmenschlichkeit in einer geheimnisvollen Tiefe eins geworden. So wird das Verlangen des Menschen, „*wie Gott*" zu sein, erfüllt. Nicht im Aufbegehren gegen Gott, sondern in der Einheit mit ihm. Das Gesetz des Neuen Bundes lautet: „Liebt einander, *wie ich* euch geliebt habe"[223]; es wird in der Einheit erfüllt, um die Christus vor seinem Tode betete: „daß sie eins seien *wie du,* Vater, in mir und ich in dir"[224]. In der Einheit wird der alte, im Egoismus isolierte Mensch zu einem neuen Leben in der Liebe zu Christus in den Brüdern erlöst. So wird in der Gemeinschaft mit dem dreifaltigen Gott das Geheimnis des Menschen offenbar. Seine Erschaffung nach dem Bilde Gottes schließt die Bestimmung zur gegenseitigen Liebe ein[225]. Das Maß dieser Liebe ist die sich in Christus offenbarende Liebe Gottes.

Von hier aus wird das Geheimnis der Ehe in seiner letzten Wesenstiefe erkennbar. Indem Mann und Frau einander lieben, wie Christus sie geliebt hat, das heißt in der Hingabe des Lebens für den anderen bis zum Tode, wird in ihrer Gemeinschaft Gott nicht nur dargestellt, sondern gegenwärtig. So geschieht im Ehebund, wenn er als Sakrament geschlossen und gelebt wird, eine ähnliche Loslösung von allem, wie sie Petrus von sich und seinen Mitaposteln bezeugt: „Siehe, wir haben alles verlassen und sind dir nachgefolgt“[226]. Kein Mensch kann Christus nachfolgen, ohne grundsätzlich alles aufs Spiel zu setzen. Und kein Mensch kann seinen Ehepartner lieben, wie Christus ihn geliebt hat, ohne grundsätzlich alles zu verlieren. Die Entscheidung für Christus ermöglicht in einer neuen Tiefe die Entscheidung für den Menschen. So wird klar, was in der Genesis gesagt ist: „Der Mann wird Vater und Mutter verlassen, um seinem Weibe anzuhangen, und sie werden ein Leib sein“.

Das Geheimnis der Ehe, von dem Paulus spricht, ist kein finsteres, unauflösbares Rätsel, sondern eine Erhellung der unauslotbaren göttlichen Tiefe des menschlichen Wesens, die sich in Christus und in der Kirche erschließt[227]. Als Bild Gottes ist der Mensch und mit ihm die Gesellschaft, die in der Ehe wurzelt, zu einer die Maße des Geschaffenen übersteigenden Liebe und Vollendung bestimmt[228]. In dem gekreuzigten Christus wird aber auch klar, daß diese Liebe sich gerade in dem begrenzten, endlichen und durch die Sünde belasteten menschlichen Dasein verwirklichen kann und soll[229].

### *c) Die Wiederherstellung der Schöpfung*

Die Ehelehre des ältesten Evangeliums, des Markusevangeliums, steht mitten in einer Jüngerlehre[230]. Diese Jüngerlehre ist zwischen die zweite und dritte Leidensweissagung eingefügt und scheint als Vorbereitung der Katechumenen für die Taufe gedacht zu sein[231]. Sie schenkt dem Verhältnis der Jünger Jesu zueinander und zu allen Menschen besondere Aufmerksamkeit. Alle mitmenschlichen Beziehungen werden revolutioniert[232]. Wer ein Kind aufnimmt, nimmt Christus auf. Wer dem Mitmenschen Ärgernis gibt, bekommt es unmittelbar mit Gott zu tun. Wie im Alten

Testament wird eine ungeteilte Nachfolge gefordert[233]. Der Jünger Jesu darf nicht mehr von dem Streben nach Ehre, Lust und Besitz geleitet werden, sondern allein von Jesus. Er nimmt sich nicht die Güter der Welt, sondern empfängt alles von Gott. So wird die durch die Sünde bewirkte Spaltung der Menschheit aufgehoben und die ursprüngliche Einheit der Menschheit wiederhergestellt[234].

Der Mensch empfängt auch seinen Ehepartner wieder von Gott, wie es der Jahwist in der Geschichte von Paradies und Sündenfall dargestellt hat. Daraus folgt, daß der Mensch sich nicht von seinem Ehepartner trennen kann[235]. Die Worte, die Jesus gebraucht, müssen wieder im Zusammenhang des ganzen Evangeliums gesehen werden: Die Scheidung ist den Israeliten wegen ihrer Herzenshärte erlaubt worden. Das Wort „Herzenshärte" kommt im ganzen Neuen Testament nur noch einmal, und zwar auch bei Markus vor. Es wird an der anderen Stelle auf die Jünger angewendet: Sie glauben den Boten der Auferstehung nicht[236]. Die Herzenshärte der Israeliten gegen ihre Frauen tritt in Parallele zu der Herzenshärte der Jünger, die sich in ihrem Unglauben gegen die Botschaft von der Auferstehung Christi verschließen. Herzenshärte ist ein Wesenszug des „alten Menschen". Diese Herzenshärte soll in der Taufe aufgehoben und geheilt werden[237]. Und so werden die Jünger Jesu befähigt, die Ehe ihrem ursprünglichen Wesen entsprechend zu schließen und zu leben[238]. Jesus verbindet in seiner Ehelehre Aussagen aus beiden Schöpfungsberichten. Gott hat sie „als Mann und Frau geschaffen"[239]. Darum wird der Mann „Vater und Mutter verlassen und seinem Weibe anhangen, und sie werden zwei in einem Fleische sein"[240]. Diese Einheit setzt – wie die Nachfolge Jesu – die Trennung des Mannes von seiner Familie voraus. So wie die Entscheidung der Jünger Jesu, alles zu verlassen und ihm nachzufolgen, endgültig ist, so muß man auch die Eheschließung als endgültig ansehen (vgl. Mk 10, 21. 28 ff.). Diese untrennbare Verbindung wird von Jesus in der Schöpfung begründet: „Was Gott verbunden hat, soll der Mensch nicht trennen"[241]. So ist das Mysterium der Ehe, das in Christus offenbar wird, keine Aufstockung eines dem Wesen des Menschen fremden Überbaues[242] auf die Schöpfungswirklichkeit, sondern ihre Wiederherstellung und Vollendung. Die unauflösbare Einheit der Ehe ist im Wesen des Menschen, in seinem personalen und gesellschaftlichen Sein, begründet.

Diese untrennbare Einheit wird von Jesus in einer kasuistischen Form gefordert: „Wer seine Frau entläßt und eine andere heiratet, der bricht ihr gegenüber die Ehe. Und wenn sie ihren Mann entläßt und einen anderen heiratet, bricht sie die Ehe“[243]. In dieser juristischen Formulierung werden Mann und Frau einander völlig gleichgestellt. Daß die Forderung Jesu in der Urkirche Geltung hatte, zeigt das Wort des Paulus: „Dem Verheirateten befehle ich – nicht ich, sondern der Herr –, das Weib soll sich vom Manne nicht trennen; wenn sie sich trennt, soll sie unverheiratet bleiben oder sich mit dem Manne aussöhnen. Und der Mann soll das Weib nicht entlassen“[244]. Die Forderung der Treue reicht über den Bereich der Ehe hinaus: Jesus stellt mit der Treue in der Ehe die Treue in der Menschheit überhaupt wieder her. Die Ehe wird noch einmal zum Urbild der von Gott in Christus neu begründeten Einheit der Menschen in der Kirche. Sie wird noch einmal zur Urzelle der menschlichen Gesellschaft. So wie in der Erschaffung des Mitmenschen in der Genesis die Einsamkeit des Menschen überhaupt durchbrochen und er zum Mitmenschen wurde[245], so wird Mitmenschlichkeit im christlichen Bild der Ehe in ihrer letzten Tiefe dargestellt und verwirklicht als Vollzug der Gemeinschaft mit Gott und in Gott. Und so wie sich in Christus die Treue Gottes zum Menschen in ihrer letzten Unbedingtheit offenbart, so wird im Geheimnis der Ehe die Treue des Menschen zum Menschen nach dem Maß der Treue Gottes und aus der Gnade Christi ermöglicht und gefordert.

## 6. *Folgerungen*

### *a) Die Nichtumkehrbarkeit der geistigen Entwicklung*

Die wachsende Erhellung der menschlichen Existenz durch die Gotteserfahrung und Gottesgemeinschaft bringt unverlierbare Erkenntnisse. Diese Erkenntnisse wirken in der modernen Gesellschaft weiter als selbstverständliche Voraussetzungen, auch dort, wo die bewußte Entscheidung für Gott aufgegeben worden ist, oder gar, wo die Existenz Gottes geleugnet wird[246]. Die Erkenntnis der wesentlichen Gleichheit von Mann und Frau konnte nicht mehr aufgegeben werden, auch wenn sie sich in Israel im Rechtsbereich in der ganzen Zeit des Alten Bundes nicht auswirkte. In Israel hatte die Menschheitsgeschichte einen Schritt getan, hinter den sie nicht mehr zurückfallen darf. So kann auch die sakramentale Ehe, in der sich das Verhältnis von Christus und der Kirche darstellt, von der Kirche nie aufgegeben werden. Aber auch die Erkenntnis, daß die sakramentale Ehe dem Wesen des Menschen entspricht und es vollendet, darf nicht verlorengehen[247]. Die Entscheidungsfähigkeit des Menschen, die Fähigkeit zu einer neuen, von Gott gewirkten Liebe, auch im Verhältnis von Mann und Frau, läßt die Forderung des Evangeliums: „Was Gott verbunden hat, soll der Mensch nicht trennen“[248], als eine nicht nur dem Wesen der Kirche und des Christseins, sondern auch dem Wesen des Menschen entsprechende Forderung erkennen. Wie schon im Alten Testament in der Gemeinschaft mit Gott mehr und mehr das ursprüngliche Wesen des Menschen erkannt wird, so erst recht im Neuen Bund. Die Unauflöslichkeit der Ehe ist nicht nur dem Sakrament eigen, sondern ist der ursprüngliche Schöpfungswille Gottes. Darum darf die sakramentale Ehe nicht als eine Aufstockung auf die natürliche Ehe erscheinen, sondern als ihre Wiederherstellung und Vollendung in der Gemeinschaft mit Gott in Christus. Sie war von ihrem Ursprung her auf die Einheit mit und in Gott angelegt[249]. Die gegenwärtige Diskussion über die Unauflöslichkeit der Ehe darf nicht zu einem Regreß führen, in dem man in frühere Phasen der Entfaltung des menschlichen Bewußtseins zurückfällt, das in Christus und der Kirche endgültige Fortschritte gemacht hat, die der ganzen Menschheit gehören[250].

### *b) Die Ehe als Entscheidung*

Wenn wir die neutestamentliche Ehelehre im Lichte des Alten Bundes betrachten, dann bekommt der Konsens, die freie Entscheidung der Ehepartner, eine neue Bedeutung. So wie der Bund zwischen Gott und Israel durch die freie Entscheidung der Partner geschlossen wurde, so gründet auch die Ehe im Neuen Bunde in der rechtskräftigen Entscheidung der Ehegatten. Deshalb muß die Formulierung des Kirchenrechtes „consensus facit matrimonium" als der Schrift entsprechend betrachtet werden. Es gilt zu sehen, daß sakramentale Ehe sich in der Art des Konsenses von der nichtchristlichen Ehe unterscheidet. Sie wird von Christen geschlossen, die vom Wesen des Neuen Bundes her auch ihre Ehe als Verwirklichung des Neuen Gebotes Christi verstehen müssen[251]. Die Entscheidung für diese Gestalt der Ehe als Liebe in Christus müßte in der Vorbereitung auf die Ehe auch als personaler Vollzug des Konsenses angestrebt werden.

Vielleicht ergeben sich aber von hier aus Ansätze zur Lösung der gegenwärtigen bedrängenden Fragen. Im Konsens ist ein Element in der kirchlichen Ehegesetzgebung gegeben, das juristisch nicht voll faßbar ist. Juristisch ist nur die Äußerung des Konsenses vor dem Pfarrer und zwei Zeugen zu fassen. Die Intention dagegen, die für die Sakramentalität konstitutiv ist, kann juristisch nicht mit Sicherheit festgestellt werden. Einmal kann durch die Institution des Bundes, wie die Untersuchung gezeigt hat, die Bedeutung des Rechtes für die personale Verwirklichung des Menschseins tiefer erkannt und gewertet werden[252]. Die Ehe kann in der Kirche ebensowenig wie im Staat zu einer rein privaten Angelegenheit der Eheleute werden. Nicht nur die persönlichen, sondern auch die gesellschaftlichen Folgen der Eheschließung müssen endgültig und grundsätzlich als Gottes Wille und Berufung empfunden werden. Nur so entspricht die Ehe dem Neuen Bund im Blute

Christi, den sie abbildet, und der gegenwärtigen Phase der Menschheit[253]. Es muß aber auch gesehen werden, daß man das Geheimnis der Ehe rechtlich nicht voll in den Griff bekommen kann. Das Recht müßte sich darum in Richtung auf das Geheimnis der Ehe selbst begrenzen[254].

### *c) Die Ehe als menschliche Gemeinschaft*

Als menschliche Gemeinschaft nimmt die Ehe an der Bedingtheit aller Verwirklichung des Menschseins teil. Gerade in diesem Bereich ist es erstaunlich, wie Gott im Alten Bund die Menschen dort abgeholt hat, wo sie standen, wie er unvollkommene und dem wahren Wesen des Menschen nicht entsprechende Formen der Ehe auch bei den Heiligen des Alten Bundes, den Patriarchen, den Königen, geduldet hat. Von hier aus kann vielleicht die Freiheit des Paulus begriffen werden, der das Wort des Herrn über die Unauflöslichkeit der Ehe zitiert und doch zugleich in den konkreten Verhältnissen der Neugetauften nach dem Willen Gottes fragt, der die Freiheit besitzt, die menschliche Wirklichkeit im Lichte des Gesetzes der Unauflöslichkeit, in der Freiheit der Liebe Gottes zu sehen und zu beurteilen – in der Freiheit der Liebe Gottes, der immer den Menschen dort abholt, wo er jetzt steht. Vielleicht können so auch die Bedeutung und der Umfang der Binde- und Lösegewalt der Kirche, die dem wirklichen, in Sünde und Unheil verstrickten Menschen das Heil und die Liebe Gottes verkünden soll, neu ins Licht treten. Christus hat die Forderung Gottes in einer beispiellosen Klarheit und radikalen Härte verkündet. Er hat aber auch jeden Menschen, wie tief er auch in Schuld verstrickt sein mochte, den Weg zur Umkehr und Erfüllung dieses heilschaffenden Willens Gottes eröffnet und gewiesen[255].

Wer dem Gedankengang bis hierher gefolgt ist, wird bemerkt haben, daß die Ehelehre des Alten Testamentes ganz zum Personalen hin offen ist. Die Partnerschaft zwischen Israel und dem lebendigen Gott wirkt sich auch in den zwischenmenschlichen Beziehungen aus und schafft die Voraussetzung für eine grundlegende Umwandlung der aus der Umwelt überkommenen Denkweisen und Strukturen. So erscheint die „neue personale und partnerschaftliche“ Sicht der Ehe, die nach dem Konzil allenthalben entdeckt worden ist, nicht so neu, wie viele meinen. Sie kann, wenn sie im Sinne der Schrift verstanden wird, gerade dazu helfen, die unauflösliche Einehe neu zu verstehen. Diese setzt die durch den Bund mit Gott geschenkte Kraft zu endgültigen Entscheidungen voraus und begründet ein von Gott für immer besiegeltes partnerschaftliches Verhältnis gegenseitiger Liebe.

GERHARD SCHNEIDER

# EHE UND EHESCHEIDUNG NACH DEM NEUEN TESTAMENT

Die Erkenntnis, daß das Neue Testament keine systematische Lehre von der Ehe entwickelt, sondern auf bestimmte Fragen eingeht, die sich im Leben der frühesten Kirche in bezug auf die Ehe stellten, setzt sich immer mehr durch[1]. Die älteste Kirche bezog sich bei der Lösung von Fragen des Gemeindelebens möglichst auf die Weisung ihres Herrn. Das bezeugen die paulinischen Briefe. Aber es steht fest, daß dabei nicht ein absolut fixierter Wortlaut aufgegriffen wurde, sondern daß man die Worte Jesu auf die jeweils gegebene Situation „anwandte". Darum muß eine theologische Erörterung heutiger Eheprobleme auf diese frühen „Applikationen" der Weisung Jesu achten, die sich nur in einer konsequent traditionsgeschichtlichen Betrachtung der Herrenworte erkennen lassen. Es geht also nicht darum, einzig den ursprünglichen Wortlaut eines Herrenwortes über die Ehe zu rekonstruieren. Vielmehr müssen aus der frühen Traditionsgeschichte der betreffenden Herrenworte Kriterien für die heutige „Anwendung" der Weisungen Jesu in der Kirche gewonnen werden.

Neben den überlieferten Jesusworten über die Ehe (Mk 10, 1–12 par.; Mt 5, 27–32; Lk 16, 18; Joh 7, 53–8, 11; 1 Kor 7, 1–17) kennt das Neue Testament aber auch – vor allem in sogenannten Haustafeln (Kol 3, 18 f.; Eph 5, 22–33; Tit 2, 1–5; 1 Petr 3, 1–7; vgl. 1 Kor 4, 3–8) – traditionelle Weisungen für Ehe- und Familienleben, die „verchristlicht" wurden. Es wäre demnach nicht ausreichend, wollte man bei der Lösung heutiger Fragen einzig die Herrenworte gelten lassen. Auch das frühe, im Neuen Testament bezeugte „theologische" Denken der Christenheit ist mit in Betracht zu ziehen. Freilich muß dabei beachtet werden, daß selbst ein Text wie Eph 5, 22—33 nicht eigentlich eine „Theologie der Ehe“ bietet, sondern im Rahmen einer Haustafel sittliche Mahnung begründen will.

### *1. Theologische Problematik*

„Lassen die neutestamentlichen Schriften nur gelegentlich und sozusagen nebenbei ihre Auffassung von der Ehe erkennen, so gibt es wenigstens einen Aspekt der Ehe, der in der Überlieferung mit vollem Ton und in seiner prinzipiellen Bedeutung weitergegeben worden ist: die Stellungnahme Jesu zur Ehescheidung“[2].

In zwei voneinander unabhängigen Traditionen haben die synoptischen Evangelien Jesu Stellungnahme zur Ehescheidung bezeugt, in einem ursprünglich ungerahmten Einzelspruch (Mt 5, 32 par. Lk 16, 18) und in einem vom Markusevangelium gebotenen Streitgespräch Jesu mit den Pharisäern, das auch vom Matthäusevangelium übernommen wird (Mk 10, 2—12 par. Mt 19, 3—12). Eine dritte Tradition findet sich im 1. Brief des Paulus an die Gemeinde von Korinth (1 Kor 7, 10 f.). Wenn drei voneinander unabhängige Überlieferungen bezeugen, daß Jesus sich grundsätzlich gegen die Ehescheidung ausgesprochen hat, dann werden wir diese Entscheidung Jesu historisch als gesichert betrachten müssen.

Es ist aber zu fragen, ob die Modifikationen der verschiedenen Traditionseinheiten und die verschiedenen Nuancen, die das betreffende Herrenwort in den heute vorliegenden Kontext-Zusammenhängen besitzt, aus bestimmten Lagen und Motiven der frühen Kirche erklärt werden können. Insbesondere stellt sich die Frage, wie die im Matthäusevangelium an zwei Stellen bezeugten „Ausnahmen“ vom grundsätzlichen Verbot der Scheidung erklärt werden können (Mt 5, 32; 19, 9)[3]. Sie stehen ohne Zweifel in Spannung zu Jesu grundsätzlicher Stellungnahme.

Kann man angesichts dieser Ausnahmen heute folgern, wenn die frühe Kirche in einem bestimmten Fall und in einem bestimmten Bezirk die Scheidung erlaubte, dürfe die Kirche auch heute die Ehe in bestimmten Fällen scheiden? Die Kirche konzediert doch auch – im Anschluß an 1 Kor 7, 15 – das „Privilegium Paulinum", die Scheidung einer sogenannten Naturehe. Und sie kennt weiterhin noch ein „Privilegium Petrinum". Nach dem heutigen Stand der Forschung dürfen wir die neutestamentlichen Texte jedenfalls nicht einfach eklektisch als „Belegstellen" für legitimes kirchliches Handeln zitieren. Wenn wir zum Beispiel genau definieren könnten, was Mt 5, 32 und 19, 9 mit πορνεία („Unzucht") gemeint war, stände damit noch lange nicht fest, daß die Kirche heute in diesem und nur in diesem konkreten Fall Ehen scheiden dürfe.

Die Spannung zwischen den sogenannten „Unzuchtsklauseln" im Matthäusevangelium und dem grundsätzlichen Ehescheidungsverbot Jesu kann wahrscheinlich nur traditionsgeschichtlich erklärt werden. Wenn man von der Perikope Mk 10, 2–12 ausgeht, wird man fragen müssen, ob das grundsätzliche Verbot der Ehescheidung bei Jesus mit seiner eschatologischen Gottesreich-Verkündigung zusammenhänge und darum eine „rigorose" Forderung der Basileia-Ethik darstelle. Eine solche Vermutung kann sich darauf berufen, daß Jesus die Möglichkeit der Ehescheidung als eine Konzession des Mose auf „die Herzenshärte" der Israeliten hin bezeichnet, die dem ursprünglichen Schöpfungswillen Gottes widerspricht (10, 3–9).

Von einer solchen Voraussetzung aus wird man dann fragen müssen, ob die matthäische Ausnahme vom Verbot der Ehescheidung die Weisung Jesu nicht wieder kasuistisch als Rechtsbestimmung verstanden wissen will. In diesem Sinn argumentiert etwa Ratzinger, wenn er sagt, „daß Jesu Appellation an das Ursprüngliche gegen das Uralte das Gesetz hinterschreitet und nicht selbst ein Gesetz ist. Der Versuch, diesen übergesetzlichen und überrechtlichen Anruf rechtlich zu fassen, führt bereits in der durch Matthäus repräsentierten Teilkirche dazu, die ‚Herzenshärtigkeit' des Menschen neu ins Recht einzubringen und dementsprechend zu verfahren. Gewiß kann man sagen, daß in den nun neuerdings auftretenden Scheidungsklauseln der Anspruch Jesu, der die Kasuistik zerreißt und hinter sie zurückführt, wieder umgewandelt wird in eine kasuistische Position und daß insofern hier schon wieder etwas vom Ernst des Ursprungs verlorenzugehen droht"[4]. Freilich geht diese Argumentation von dem markinischen Streitgespräch (Mk 10, 2–9) aus, das als formgeschichtliche Einheit sicher jünger ist als der ungerahmte und situationslos überlieferte Einzelspruch Mt 5, 32 (par. Lk 16, 18), der der Logienquelle entstammt. Immerhin ist zu fragen, ob nicht mit der „Parusieverzögerung" die ethische Forderung Jesu eine Umformung und eine Entschärfung erfahren haben kann.

Das Problem der „Unzuchtsklauseln" kann auch nicht lediglich damit als gelöst betrachtet werden, daß man betont, Jesus habe die Klauseln nicht selbst ausgesprochen, sie seien eine Interpretation der judenchristlichen Gemeinde des Matthäus oder dessen eigene Addition zu dem Herrenwort. Der Dogmatiker mag zwar feststellen: „Wenn man zum Beispiel die Klausel bei Mt 5, 32 ... als Glosse der Gemeindekasuistik deuten kann, dann hat es der Dogmatiker viel leichter, als wenn auch diese Klausel wirklich unmittelbar aus dem Mund Jesu kommend gedacht werden muß"[5]. Aber der Dogmatiker wertet doch auch sonst das gesamte Neue Testament als verbindlichen, weil inspirierten Text. Er geht doch auch sonst nicht auf die ipsissima vox Jesu als einzig verbindliche Norm zurück, zumal ureigenste Worte Jesu weithin nur hypothetisch gewonnen werden können. Freilich ist der neutestamentliche Text in seiner „Tiefendimension" zu deuten, die auch – wenn möglich – die ipsissima vox Jesu mit einschließt. Wenn hingegen die im Neuen Testament zu Wort kommende Kirche – auch nur in einer einzigen Schrift – die Ehescheidungsklausel bezeugt, so wird der Dogmatiker dem entnehmen können, daß die damalige Kirche sich zu einer derartigen Interpretation der Weisung Jesu befugt erachtet hat und eine entsprechende Ehescheidungspraxis billigte.

In diesem Zusammenhang sollte auch nicht vergessen werden, daß die Kirche im Laufe ihrer Geschichte zwar das „Privilegium Paulinum" anerkannte, die mit den matthäischen Klauseln eröffnete Konzession aber verwarf. Demgegenüber kennt die Ostkirche – unter Berufung auf die Unzuchtsklauseln – eine Scheidung im Fall von Ehebruch eines Gatten[6]. Rechtshistoriker mögen die Gründe für diese faktischen kirchlichen Entscheidungen erhellen können. Der Neutestamentler wird konstatieren dürfen, daß die im Neuen Testament zu Wort kommende frühe Kirche neben der paulinischen Konzession auch die matthäische kannte und praktizierte.

Die vorgetragene heutige Problematik, die sich durch das neutestamentliche Ehescheidungsverbot sowie durch die Ausnahmeregelungen stellt, kann nur zu einem Teil durch die neutestamentliche Wissenschaft einer Lösung entgegengeführt werden. Vieles wird dabei von der sachgerechten Arbeitsmethode abhängen, die – wie schon gesagt – die Weisung Jesu im Lichte der neutestamentlichen Traditionsgeschichte sehen muß. Diese Arbeitsmethode kann sich aber nicht auf die Überlieferung der entsprechenden Herrenworte beschränken. Sie sollte auch die wenigen Ansätze bedenken, die das Neue Testament für eine Theologie der Ehe bietet.

## *2. Methodische Vorüberlegung zur Tradition des Herrenwortes über die Ehescheidung*

Eine traditionsgeschichtliche Untersuchung der Weisung Jesu für die Ehe muß von den ältesten erreichbaren Formen dieser Weisung ausgehen. Zuerst ist also zu fragen, wo sich diese älteste Form findet. Es bieten sich – wie wir sahen – drei Formen der Tradition an. An erster Stelle ist der ungerahmte Spruch zu prüfen; denn die Form ungerahmter Logien ist traditionsgeschichtlich älter als etwa die Form des Streitgesprächs, die eine Situationsangabe macht (Mk 10, 2; vgl. 10, 10). Ungerahmt begegnet der entscheidende Spruch Jesu a) in der Logienquelle (Mt 5, 32 par. Lk 16, 18); b) in der vormarkinischen Tradition (Mk 10, 11); c) in der vorpaulinischen Überlieferung (1 Kor 7, 10 f.). Welche von diesen drei Überlieferungen ist die älteste? Wie ist sie – ohne Kontext – zu verstehen? Geht diese älteste *Form* auf Jesus zurück? Da die dreifache Überlieferung jedenfalls berechtigt, den Spruch *der Sache nach* auf Jesus zurückzuführen, wird es darauf ankommen, die Tragweite und den Sinn eines solchen Spruches im Munde Jesu und in seiner Umwelt sowie im Kontext seiner Botschaft zu verstehen. Erst dann kann die Weisung Jesu innerhalb der Kontexte gesehen werden, die sich in größeren Quellenzusammenhängen ergeben, der Logienquelle (Q), der markinischen Streitgesprächsperikope, dem Matthäus- und Lukasevangelium, endlich auch dem 1. Korintherbrief. Es wird sich zeigen, ob und in welchen Einzelfragen die Traditionsgeschichte Hinweise zur Lösung bieten kann.

### *3. Jesu Weisung für die Ehe*

#### *a) Das ursprüngliche Logion in der Logienquelle (Q)*

Wenn wir den ursprünglichen Wortlaut des Jesus-Spruches mit der Zurückweisung der Ehescheidung rekonstruieren wollen, müssen wir sowohl bei Matthäus als auch bei Lukas die redaktionellen Änderungen des Evangelisten rückgängig machen. Mt 5, 32 lautet: „Jeder seine Frau Entlassende, außer wegen Unzucht, macht, daß mit ihr die Ehe gebrochen wird, und wer eine Entlassene heiratet, bricht die Ehe." Bei dem Evangelisten sind die Worte „außer wegen Unzucht" als Zufügung gegenüber der lukanischen Parallele (Lk 16, 18) auszumachen. Der bei Lukas in der zweiten Vershälfte vorhandene erklärende Passus „(eine) von ihrem Mann (Entlassene)" kann als lukanischer Zusatz erklärt werden. Matthäus scheint aber seinerseits das wohl ursprüngliche Partizipium „der Heiratende" in der zweiten Vershälfte (so Lukas) aufgelöst zu haben. Dann lautet der ursprüngliche Text in einem strengen Parallelismus: „Jeder seine Frau Entlassende macht, daß mit ihr die Ehe gebrochen wird, / und der eine Entlassene Heiratende bricht die Ehe."

Die Gegenprobe kann mit der lukanischen Parallele gemacht werden. Lk 16, 18: „Jeder seine Frau Entlassende und eine andere Heiratende bricht die Ehe, und der die von ihrem Mann Entlassene Heiratende bricht die Ehe." Lukanische Zusätze sind: „und eine andere Heiratende"[7] sowie „von ihrem Mann". Der Evangelist hat offenbar die erste Vershälfte außerjüdischen Verhältnissen angepaßt, wenn er nicht von der Frau spricht, die durch die Entlassung in den Ehebruch getrieben wird, sondern von dem Ehebruch des Mannes, der durch die eigene Wiederverheiratung endgültig wird.

Demgegenüber ist die matthäische Form besser von jüdischen Voraussetzungen aus zu verstehen. „Da der Mann seine eigene Ehe nicht brechen kann, besteht seine Schuld in der neuen Verbindung seiner Frau mit einem anderen Manne, die er durch die verbotene Entlassung ermöglicht und deshalb zu verantworten hat. Andererseits bricht er die Ehe eines anderen, wenn er dessen verbotenermaßen entlassene Frau heiratet“[8]. Damit wird – für jüdische Auffassung überzeugend – dargetan, daß sich aus dem Verbot der Ehescheidung die praktische Gleichsetzung von Scheidung und Ehebruch ergibt. Genau genommen formuliert demnach der Spruch nicht direkt ein Verbot der Scheidung, sondern er macht auf die Tragweite der Scheidung aufmerksam, indem er sie mit dem Ehebruch gleichsetzt. Weil Scheidung dem Ehebruch gleichkommt, ist sie verboten.

Wenn schon die matthäische Form des Spruches das jüdische Kolorit besser erhalten hat als die lukanische, so zeigt auch die formale Struktur des Spruches bei Matthäus (unter Berücksichtigung der sekundären Retuschen), daß er ursprünglich ein zweigliedriges Logion mit genauem Parallelismus membrorum darstellt, der noch strenger wird, wenn man ins Aramäische zurückübersetzt; denn im Aramäischen ergeben sich dann Satzteile, die zu einem einzigen Wort verschmelzen:

Jeder-Entlassende seine-Frau veranlaßt-ihren-Ehebruch,
und-der-Heiratende eine-Entlassene begeht-Ehebruch[9].

### *b) Die (vor-)markinische Fassung des Spruches*

In die Perikope Mk 10, 2–12 ist das Logion Jesu über die Ehescheidung (10, 11 f.) sekundär einbezogen. Die Perikope bietet zunächst ein Streitgespräch Jesu mit den Pharisäern über die Erlaubtheit der Ehescheidung (10, 2–9). An dieses Streitgespräch wird redaktionell (vgl. 10, 10) der

Spruch Jesu (als Jüngerbelehrung) angeschlossen, weil er sachlich zu dem gleichen Thema gehört, das im Streitgespräch behandelt wurde. Jesus verbietet in beiden Fällen die Ehescheidung.

Der hier zu behandelnde Einzelspruch lautet in der Markus-Fassung: „Wer seine Frau entläßt und eine andere heiratet, begeht ihr gegenüber Ehebruch. Und wenn sie ihren Mann entläßt und einen anderen heiratet, begeht sie Ehebruch“ (10, 11 f.). Es ist schwer zu sagen, ob erst der Evangelist das Streitgespräch und das Einzellogion miteinander verbunden hat. Erst recht darf man fragen, ob er den Einzelspruch in sich noch einmal bearbeitete[10]. So werden wir im wesentlichen den markinischen Wortlaut zugrunde legen müssen. Jedenfalls wird in diesem Spruch das Wort Jesu schon auf die Situation von heidenchristlichen Gemeinden angewendet, die das griechisch-römische Eherecht kennen[11]. Denn die zweite Hälfte des Spruches (Vers 12) spricht von der Eventualität, daß eine Frau sich von ihrem Mann scheidet. Eine solche Möglichkeit kannte das Judentum nicht. Völlig sinngemäß wird also hier die Weisung Jesu auf einen anderen Rechtsbereich angewendet. In der ersten Spruchhälfte (Vers 11) ist von Scheidung mit anschließender Wiederverheiratung, die vom Mann vollzogen werden, die Rede. Hatte aber das im vorigen Abschnitt besprochene Herrenwort aus der Logienquelle schon die Entlassung der Frau durch ihren Mann praktisch mit dem Ehebruch gleichgesetzt, so wird hier mit der Scheidung von der Frau ausdrücklich auch die erneute Heirat des Mannes genannt. Erst beide Aktionen zusammen lassen den Mann (hier: seiner Frau gegenüber) endgültig einen Ehebrecher sein.

Wenn das Logion aus der Redenquelle im zweiten Teil von der Heirat mit einer Geschiedenen sprach, so ist beim entsprechenden Logion des Markusevangeliums im zweiten Teil von der Frau die Rede, die sich scheidet und einen anderen heiratet. Die Entstehung dieses zweiten Teiles erklärt sich wohl daraus, „daß man nicht nur für den Mann, sondern auch für die Frau eine gesetzliche Bestimmung haben wollte“[12]. Auch schon die erste Hälfte des markinischen Spruches zeigt „Spuren des Übergangs in außerjüdische Traditionskreise“[13]. Denn nur dort ist mit der zusätzlichen Wendung „und eine andere heiratet“ etwas sachlich Wichtiges ausgesagt. „In der monogamen Eheordnung macht die Wiederverheiratung die Trennung unwiderruflich“[14]. Wir werden demzufolge als Ergebnis festhalten dürfen, daß die Form des Spruches, die die Logienquelle enthielt, gegenüber der markinischen Fassung ursprünglich ist.

### *c) Die Weisung des Herrn nach Paulus*

In dem Abschnitt 1 Kor 7, 8–16 erteilt Paulus der Gemeinde von Korinth Weisungen für die Unverheirateten und die Witwen, für die Verheirateten und die in Mischehen Lebenden. Einzig für die Verheirateten hat Paulus ein Herrenwort zur Verfügung: „Den Verheirateten aber gebiete *nicht ich, sondern der Herr,* daß sich eine Frau vom Mann nicht scheiden soll – hat sie sich aber doch geschieden, soll sie unverheiratet bleiben oder sich mit ihrem Mann versöhnen – und daß ein Mann seine Frau nicht wegschicken soll“ (7, 10 f.). Dann wendet sich der Apostel an die in einer (christlich-heidnischen) Mischehe Lebenden; hier spricht er aus eigener Vollmacht: „Den übrigen aber sage *ich, nicht der Herr:* Wenn ein Bruder eine ungläubige Frau hat und diese ist einverstanden, mit ihm zusammenzuleben, soll er sie nicht wegschicken. Und eine Frau, die einen ungläubigen Mann hat und dieser ist einverstanden, mit ihr zusammenzuleben, soll den Mann nicht wegschicken. Denn der ungläubige Mann ist durch die Frau geheiligt, und die ungläubige Frau ist durch den Bruder geheiligt. Denn sonst sind eure Kinder unrein; nun aber sind sie heilig. Wenn sich aber der Ungläubige scheidet, soll er sich scheiden. In solchen Fällen ist der Bruder oder die Schwester nicht gebunden. Zum Frieden hat euch Gott berufen“ (7, 12–15).

Man sieht deutlich, daß Paulus zwischen der Weisung Jesu, des Herrn, und seiner eigenen Mahnung unterscheidet. Für die Mischehe macht Paulus eine Konzession, die die Scheidung ermöglicht. Im allgemeinen aber gilt die Anordnung des Herrn. Sie ist hier in einer indirekten Weise angeführt. Wahrscheinlich hängt das damit zusammen, daß dem Paulus keine schriftliche Form des Jesus-Spruches zur Verfügung stand. Dennoch gibt der auch hier vorhandene Parallelismus zu erkennen, daß in der vorpaulinischen Tradition die Weisung Jesu in einer geprägten Form überliefert wurde. Zugleich kann man sehen, daß auch hier – entsprechend der markinischen Form des Spruches – heidenchristliche Verhältnisse berücksichtigt werden[15]. Zunächst ist von der Scheidung die Rede, die die Frau vollziehen könnte. Erst dann folgt nach der wohl auf Paulus zurückgehenden Parenthese die Weisung für den Mann. Er soll die Frau nicht entlassen. Da später (in den Versen 13. 15) die entsprechenden Verba vertauscht werden[16], kann man darin „ein Indiz der Gleichstellung der Geschlechter" sehen[17]. Wir finden demnach hier die Rücksichtnahme auf griechisch-römisches Eherecht bezeugt. Sowohl der Mann als auch die Frau können die Initiative zur Scheidung ergreifen.

Nach dem Gesagten ist die vorpaulinische Fassung des Herrenwortes ebensowenig wie die markinische als ursprünglich anzusehen. Die ältere Form ist die der Logienquelle. Nur sie kann Jesu eigene Formulierung sein.

### *d) Vom Sinn der Weisung Jesu*

Wie ist das Wort Jesu über die Ehescheidung zu verstehen? Wir müssen uns hier streng auf den Wortlaut des oben rekonstruierten Wortes beschränken. Schon der Zusammenhang, in den Q das Logion stellte, ist sekundär und darf daher zur Deutung des ursprünglichen Gehaltes vorerst nicht herangezogen werden. Wenn wir die „Form" des Spruches berücksichtigen, kommen wir zu dem Ergebnis, daß es sich um ein „Gesetzeswort" handelt. Bultmann rechnet zur Gruppe der Gesetzesworte (und Gemeinderegeln) Worte, „die zum Gesetz oder zur jüdischen Frömmigkeit Stellung nehmen"[18]. Er gibt auch formale Kennzeichen dieser Gruppe an, wenn er sagt: „Dann gehört zu den ‚Gesetzesworten' eine Gruppe von Worten, die im

Gesetzesstil formuliert ist, d. h. Sätze, die als ersten Teil eine Bedingung (ἐάν, ὅταν, ὅς ἄν, ὅστις oder dgl., statt dessen auch ein Partizipium) und als zweiten Teil einen Imperativ oder eine Aussage (manchmal im Futurum) enthalten, die den Sinn einer gesetzlichen Bestimmung hat. Natürlich sind auch Worte dazu zu rechnen, in denen diese Form zwar nicht durchgeführt ist, aber vorschwebt"[19].

Als erstes Beispiel führt Bultmann dann das Logion Jesu über die Ehescheidung an. Er hält die Q-Fassung gegenüber Mk 10, 11 f. für ursprünglich[20]. Wenn wir diese formgeschichtliche Überlegung ernst nehmen, können wir nicht umhin, die ursprüngliche Fassung des Spruches als Gesetzeswort zu verstehen. Kann dann aber diese Form auf Jesus zurückgehen? Kann Jesus eine gesetzliche Weisung für die Ehe gegeben haben? Wir müssen berücksichtigen, daß auch die beiden sekundären Fassungen des Jesus-Wortes bei Markus und bei Paulus dieses gesetzlich verstanden haben[21]. Sie sahen in ihm ein Gebot des Herrn, das im strikten Sinn in dieser Welt zu verwirklichen ist. Sollten diese ältesten Verständnisse Fehlinterpretationen sein?

Es spricht doch eher alles dafür, daß die heute von manchen angebotene Auslegung der Weisung Jesu, die diese nicht als Gebot, sondern als ideale Zielvorstellung („Sollensnorm") verstehen will, eine Fehlinterpretation ist. Moral und Gesetz sind im Judentum jedenfalls eng miteinander verbunden gewesen. Der Dekalog sagt im moralischen und gesetzlichen Sinn: „Du sollst nicht ehebrechen" (Ex 20, 14; Dt 5, 18). Wir können von daher nicht sagen, die Weisung des Jesus-Wortes in den drei uns überlieferten Fassungen gebe nur eine ethische Norm und Zielvorstellung an. Gerade die konzedierten Ausnahmen (bei Paulus und bei Matthäus) bezeugen indirekt gleichfalls die „gesetzliche" Interpretation. Will man von der Gesetzeskritik Jesu her diese Interpretation in Frage stellen, so wird man sich dabei zwar auf die (rekonstruierte) eschatologische Botschaft Jesu im ganzen berufen können, man wird sich aber des hypothetischen Charakters einer solchen Rekonstruktion bewußt bleiben müssen. Wenn man z. B. die Weisung Jesu für die Ehe als „Interims-Ethik" verstehen wollte, die erst nach dem „Ausbleiben der Parusie" in gesetzliche und gebothafte Anweisung uminterpretiert worden sei, begäbe man sich auf den Weg zweifelhafter Hypothesen.

Inhaltlich besagt das Gesetzeswort, das in der Logienquelle stand, daß jeder, der seine Frau entläßt, ihren Ehebruch veranlaßt. Nach der weniger gut begründeten Auffassung, die sich an Lk 16, 18 anschließt[22], begeht der Mann, der seine Frau entläßt, selber direkt Ehebruch. Damit wird die jüdische Praxis der Ehescheidung absolut verworfen. „Jeder", der die Frau entläßt, macht sie zur Ehebrecherin. Sie wird nach den zeitgenössischen Gegebenheiten einen anderen Mann suchen. Sie gehört aber wesentlich dem Mann an, mit dem sie verheiratet ist. Ein anderer Mann, der die Entlassene heiraten würde, bräche die bestehende Ehe. Jesus hat demzufolge die Ehescheidung absolut verworfen. Gegenüber der jüdischen Kasuistik, die um mögliche Ehescheidungsgründe stritt[23], bedeutet die Stellungnahme Jesu ein klares Nein.

### 4. *Versuche zur Begründung der Weisung Jesu*

#### a) *Der Kontext in der Logienquelle*

Die Spruchfolge der Logienquelle ist im Lukasevangelium besser erhalten als im Evangelium nach Matthäus. Denn letzterer Evangelist hat die in Q vorliegenden Sprüche stärker umgestellt und systematischer geordnet, z. B. auch in eigentlichen Redekompositionen. Lk 16, 16. 17. 18 begegnet nun eine Spruchfolge, die wohl in dieser Reihenfolge schon in Q vorlag. Die beiden ersten Sprüche handeln vom Gesetz. Es wird durch die Verkündigung der Königsherrschaft Gottes abgelöst. Dennoch gilt: Es ist eher möglich, daß Himmel und Erde vergehen, als daß ein Häkchen des Gesetzes wegfällt. Diese Feststellung geht in Q unmittelbar dem Wort über die Ehescheidung voraus. Es steht also in einem Kontext, der von der Gültigkeit des Gesetzes und seiner Auslegung durch Jesus spricht[24].

Das Wort über die Ehescheidung (16, 18) wird demnach hier als Jesu Auslegung der Tora verstanden. Es ist Gesetz und überschreitet als Teil der Basileia-Verkündigung zugleich das Gesetz, in dem bekanntlich die Ehescheidung erlaubt wurde (Dt 24, 1–4). Hier wird noch nicht, wie in dem markinischen Streitgespräch (Mk 10, 6–8), eine sachliche Begründung für die Entscheidung Jesu gegeben. Nicht der Rückgriff auf die Schöpfungsordnung gegenüber dem Gesetz wird als Grund für das Verbot der Ehescheidung genannt. Vielmehr steht in dem Einzelspruch zunächst die Forderung Jesu souverän da. Dennoch wird man vom Kontext her sagen müssen, daß eine Begründung versucht wird. Die Toraverschärfung Jesu wird mit der neuen Zeit der Reich-Gottes-Verkündigung (Lk 16, 16) in Zusammenhang gebracht. Vielleicht dürfen auch die Warnung vor dem Ärgernis (Lk 17, 1–3 a) und das Wort über die grenzenlose Vergebungsbereitschaft (17, 3 b–4) – in Q unmittelbar auf den Ehescheidungsspruch folgend – als Interpretationshilfe herangezogen werden: Die Forderung der Unauflöslichkeit kann verwirklicht werden, wenn der Mensch dem Mitmenschen gegenüber zur Vergebung bereit ist.

### *b) Die Perikope Mk 10, 2–12*

Das Streitgespräch über die Erlaubtheit der Ehescheidung Mk 10, 2–9[25] steht innerhalb des Kapitels, das aktuelle Themen der Gemeinde (Ehe, Stellung zu den Kindern und zum Besitz) behandelt und mit der dritten Leidensankündigung Jesu schließt. Es wird durch die Frage der Pharisäer eingeleitet: „Ist es dem Mann erlaubt, seine Frau zu entlassen?“ Das ist merkwürdig, weil für den Juden diese Frage durch Dt 24, 1–4 hinreichend geklärt gewesen ist. Das Judentum hielt sich zur Zeit Jesu an die entsprechende Scheidungspraxis. Die Frage der Pharisäer wird als eine Fangfrage charakterisiert. Auf historischer Ebene könnte das bedeuten, „daß sie schon von seiner anderen Einstellung Kenntnis hatten und ihn herausfordern wollten, der klaren Regelung des mosaischen Gesetzes zu widersprechen“[26]. Will man diese Situation im Leben des irdischen

Jesus nicht voraussetzen, so wird man annehmen, sie sei vom christlichen Standpunkt aus fingiert, um der Szene den passenden Rahmen zu geben.

Formgeschichtlich wird man sagen müssen, daß der „Sitz im Leben" für dieses Streitgespräch das Interesse der Gemeinde an Jesu Entscheidung und darüber hinaus an ihrer Begründung (und Verteidigung) gegenüber dem Judentum gewesen ist. Schon darum wird man die nicht begründete Entscheidung des vorher behandelten Einzelspruches für ursprünglicher halten dürfen. Erst die Kirche hat sich um eine Begründung dieser Entscheidung aus dem Kontext der Botschaft Jesu bemüht.

Jesus antwortet den Pharisäern mit der Gegenfrage: „Was hat euch Mose geboten?" Die Antwort lautet: „Mose hat gestattet, einen Scheidebrief zu schreiben und zu entlassen." Darauf folgt die endgültige Antwort Jesu: „Auf eure Herzenshärte hin schrieb er euch dieses Gebot. Von Anfang der Schöpfung aber, da schuf er sie als Mann und Weib. Darum soll der Mann Vater und Mutter verlassen, und die zwei sollen zu einem Fleisch werden. Also sind sie nicht mehr zwei, sondern ein Fleisch. Was also Gott zusammengejocht hat, das soll ein Mensch nicht trennen."

Jesus antwortet demnach nicht einfach mit einem Nein auf die Ausgangsfrage der Gegner. Das Gespräch geht einen weniger direkten Weg. Die Pharisäer fragen nach einer *Erlaubnis* im Sinne einer gesetzlichen Bestimmung, die eine Handlungsfreiheit einräumt. Jesu Rückfrage aber kommt aus einer anderen Perspektive. Er fragt, was Mose *geboten* habe. Das ist die Frage nach Gottes durch Mose vermittelten Willen. Die Frage nach der Erlaubnis geht vom eigensüchtigen Willen des Menschen aus. Die Frage aber nach Gottes Gebot läßt den Menschen in Demut nach Gottes Willen fragen und sich seiner Herrschaft unterstellen. Jesu Antwort an die Pharisäer entschuldigt nicht eine alte Konzession, sondern klagt die gegenwärtige Praxis gegenwärtiger Menschen an. Jesus begründet den Gotteswillen aus dem Rückgriff auf die Genesiserzählung. Zwei Stellen werden hier kombiniert (Gen 1, 27; 2, 24). Jesus folgert, daß Mann und Weib eine unlösliche Einheit bilden, weil Gott sie verbunden hat. Im Tun des Schöpfers offenbart sich der ursprüngliche und eigentliche Wille Gottes, dem sich Menschen unterstellen müssen.

Wenn wir die Begründung, die hier der Forderung Jesu gegeben ist, mit der andeutenden Begründung in der Logienquelle vergleichen, erkennen wir den Unterschied. Die Logienquelle versucht, Jesu Gebot aus der Basileia-Verkündigung Jesu heraus zu begründen. Sie stellt – in judenchristlichem Raum – das Gebot in den Zusammenhang der eschatologischen Verkündigung. In dem markinischen Streitgespräch hingegen wird die Begründung durch den Rückgriff auf die Schöpfung Gottes gegeben. Ein solches Prinzip, daß das Alte gegenüber dem Anfänglichen zurückzutreten habe, daß – in unserem Fall – das mosaische Gesetz im Vergleich zum Schöpferwillen Gottes nicht den reinen Willen Gottes zum Ausdruck bringe, findet sich analog auch einmal in der Argumentation des Paulus. Gal 3, 15–18 zeigt, daß das später gekommene Gesetz nicht die Verheißung aufheben kann, die Gott dem Abraham gegeben hat. Eine solche Argumentation, die nicht eschatologisch orientiert ist, sondern das Frühere dem Späteren vorzieht, scheint nicht im Judentum beheimatet zu sein[27]. Sie findet sich erstmalig im Neuen Testament.

Freilich wird man zu beachten haben, daß der Rückgriff auf die Schöpfung dem in Q bezeugten Begründungszusammenhang mit der eschatologischen Gottesreich-Verkündigung verwandt ist, insofern die Gottesherrschaft als Neue Schöpfung mit der alten und ursprünglichen Schöpfung Gottes verglichen werden kann.

An das eigentliche Streitgespräch schließt sich mit Mk 10, 10–12 eine Jüngerunterweisung an, die das Ehescheidungsverbot Jesu auf Verhältnisse der heidenchristlichen Gemeinde anwendet[28]. Denn nach griechischem und römischem Eherecht ist auch die Frau zur Ehescheidung berechtigt. Der Evangelist ist demnach der Auffassung, daß das einzigartige und strenge Gebot Jesu in den bestehenden Weltverhältnissen realisiert werden muß. Es kann unter der Voraussetzung erfüllt werden, daß die Herzenshärte, das eigensüchtige Fragen nach Konzessionen, überwunden wird und daß der Mensch nach dem reinen Willen Gottes, seines Schöpfers, fragt.

### *5. Der matthäische Kontext mit den Unzuchtsklauseln (Mt 5, 31 f.; 19, 3–12)*

Das Matthäusevangelium bietet die Stellungnahme Jesu zur Ehescheidung an zwei Stellen.

Die erste der beiden (Mt 5, 31 f.) ist oben schon kurz zur Sprache gekommen. Sie geht auf die Logienquelle zurück, enthält aber nicht nur den ungerahmten Spruch, sondern stellt eine der sogenannten Antithesen der Bergpredigt dar (a).
An der zweiten matthäischen Stelle (19, 3–12) folgt der Evangelist seiner Mk-Vorlage[29], obgleich man auf den ersten Blick meinen könnte, das Matthäusevangelium stehe hier der ursprünglichen Situation des Streitgesprächs näher. Matthäus folgt den beiden markinischen Abschnitten mit dem eigentlichen Streitgespräch (19, 3–8 par. Mk 10, 2–9) und dem anschließenden Spruch über die Ehescheidung (19, 9 par. Mk 10, 10–12), fügt dann aber als Sondergut noch den sogenannten Eunuchenspruch an (19, 10–12). Die drei Einheiten hat Matthäus zu einem homogenen Ganzen verarbeitet[30] (b).

An beiden Stellen, die das grundsätzliche Verbot der Ehescheidung durch Jesus bezeugen, fügt das Matthäusevangelium die Unzuchtsklausel ein, wenn auch in einem je verschiedenen Wortlaut. Die umfangreichen Untersuchungen zu diesem Problem[31] haben noch kein eindeutiges Ergebnis gebracht. Wir gehen bei der weiteren Erörterung der Problematik davon aus, daß die Klauseln im exklusiven Sinn zu verstehen sind, also eine wirkliche Ausnahme von dem Gebot meinen. Die sogenannte inklusive Deutung, die zum Teil aus apologetischen Gründen früher vielfach vertreten wurde[32] und die den Fall der „Unzucht" in das Verbot Jesu einbezieht, kann aus sprachlichen Gründen nicht zutreffend sein[33].

### a) Die Antithese Mt 5, 31 f.

Unter den sechs Antithesen der matthäischen Bergpredigt ist Mt 5, 31 f. die dritte: „Es ist gesagt worden: Wer seine Frau entläßt, soll ihr den Scheidebrief geben (Dt 24, 1). Ich aber sage euch: Jeder, der seine Frau entläßt, außer im Falle von Unzucht (παρεκτὸς λόγου πορνείας), der macht, daß mit ihr die Ehe gebrochen wird, und wer eine (solche) Entlassene heiratet, der begeht Ehebruch." Gegenüber der in Q vorliegenden älteren Fassung des Herrenwortes (vgl. Lk 16, 18) sind vor allem zwei Punkte der matthäischen Version bemerkenswert: die antithetische Einleitung sowie die Klausel „außer im Falle von Unzucht".

Gehen die beiden Unterschiede auf die Hand des Evangelisten zurück? Hinsichtlich der antithetischen Einleitung kann mit großer Gewißheit gesagt werden, daß sie auf Matthäus zurückgeht[34]. Nicht die gleiche Sicherheit wird im zweiten Punkt erreicht. Die Tatsache, daß Mt 19, 9 die sachlich gleiche Ausnahme in einer anderen Formulierung bietet (μὴ ἐπὶ πορνείᾳ „nicht bei Unzucht"), könnte zu der Überzeugung verleiten, daß in der Formulierung der Ausnahmeformel nicht der Evangelist tätig sei, sondern daß sie auf vormatthäische Tradition zurückgehe. Demgegenüber argumentiert Dupont[35], daß die Ausnahmeformel in einem inneren Zusammenhang mit der antithetischen Einleitung stehe, die Dt 24, 1 aufgreift. Aus dem gleichen alttestamentlichen Zusammenhang stamme sachlich auch die Ausnahmeformel.

Nach Dt 24, 1 wird der Scheidebrief zur Entlassung der Ehefrau veranlaßt durch die Tatsache, daß der Mann an ihr „etwas Widerwärtiges"[36] findet. Nun ist zwar die matthäische Formulierung παρεκτὸς λόγου πορνείας nicht Übernahme des Septuagintatextes der betreffenden Stelle. Aber die matthäische Formulierung erinnert doch (im Unterschied zu der einfacheren Ausdrucksweise von Mt 19, 9) an Dt 24, 1[37]. Wenn also der Evangelist zusammen mit der antithetischen Einleitung zu dem Herrenwort, die dieses in verschärfenden Gegensatz zu der Tora-Bestimmung setzen will, auch die Klausel einfügte, dann erklärt sich von diesem Verfahren her leicht die abweichende Formulierung von Mt 19, 9. An der späteren Stelle seines Werkes konnte der Evangelist sich einfacher ausdrücken, weil hier der Bezug auf Dt 24, 1 nicht direkt vorliegt. Andererseits zitiert auch Mt 19, 7 (im Anschluß an Mk 10, 4) aus Dt 24, 1. Der Evangelist Matthäus kann durch Mk 10, 4 in Verbindung mit Mk 10, 11 zu der antithetischen Einleitung in Mt 5, 31 veranlaßt worden sein.

Nun ist damit allerdings die Frage nach der Herkunft der Klausel noch nicht gelöst. Freilich wird man auch in dem Fall, daß Matthäus die Klausel von sich aus formulierte und einfügte, nicht annehmen dürfen, daß er sie sachlich – gewissermaßen als Gesetzgeber – neu einführen wollte. Er wird eine bestehende Praxis formulieren. Aber es ist doch ein Unterschied, ob er nur die Praxis *seiner* kirchlichen Umgebung formulierte oder ob sich diese Praxis in *zwei* verschiedenen Traditionsstücken bezeugt fand. Mt 19, 9 steht ja innerhalb der markinischen Tradition. Doch hat der Evangelist gerade diesen Mk-Text bearbeitet, und infolgedessen geht 19, 9 die Klausel auf die Hand des Evangelisten zurück. So werden wir im Endeffekt sagen müssen, daß nur ein einziger Traditionsbereich die Ausnahme bezeugt.

Gegen die matthäische Autorschaft der Klausel in 5, 32 spricht übrigens die matthäische Tendenz, eine Toraverschärfung durch Jesus festzustellen[38]. Dieser Tendenz widersprechen an sich die Klauseln. Damit ist aber wiederum nur ein Indiz dafür gegeben, daß die Ausnahme nicht durch den Evangelisten eingeführt worden ist. Ferner ist zu bedenken, daß das „gesetzliche“ Verständnis der Weisung Jesu und die Überzeugung von der Erfüllbarkeit der strengen Forderung Jesu bei Matthäus der Klausel keineswegs widersprechen müssen, weil die kasuistische Ausnahme gerade den Grundsatz als erfüllbar erweisen könnte.

Wenn man die Frage nach dem näheren Sinn von „Unzucht“ im Zusammenhang der Klausel stellt, wird man zugeben müssen, daß eine eindeutige Definition nicht möglich ist. Der Sinn kann in der matthäischen Gemeinde eindeutig gewesen sein, mußte aber außerhalb dieser Gemeinde und für spätere Leser des Evangeliums unscharf erscheinen. Jedenfalls ist nicht einfachhin „Ehebruch" (μοιχεία) gemeint. Denn der Evangelist unterscheidet „Unzucht" und „Ehebruch"[39]. Richtig ist auf jeden Fall, daß „Unzucht" sich auf ein sexuelles Fehlverhalten in der Ehe bezieht, vielleicht auf Hurerei (Prostitution) im engeren Sinn[40].

Die neuerdings vielfach vertretene Interpretation, die „Unzucht" im Sinne von Apg 15, 28 f. auf (im jüdischen Verständnis) illegitime Verwandtenehen beziehen will[41], kann auch deswegen nicht überzeugen, weil dann die Klausel etwas Selbstverständliches fordern würde. Allerdings ist diese Deutung nicht unbedingt auszuschließen[42].

Die klassische kirchliche Auslegung, die auf Hieronymus zurückgeht, will die Klausel zwar als wirkliche Ausnahme der Forderung Jesu begreifen, meint aber, die Ausnahme beziehe sich nicht auf eine wirkliche Scheidung mit der Erlaubnis zur neuen Heirat, sondern auf die „Trennung von Tisch und Bett" im Fall des Ehevergehens eines Partners. Eine solche Interpretation kann sich zwar auf ein entsprechendes Ansinnen des Paulus berufen (1 Kor 7, 11a), entspricht aber nicht dem jüdischen Denkhorizont und der Aussageabsicht der matthäischen Texte.

Zusammenfassend läßt sich sagen[43]: Die Unzuchtsklauseln sind im exklusiven Sinn zu verstehen. Beim Vorliegen von „Unzucht" wird Ehescheidung mit der Möglichkeit der Wiederverheiratung gestattet. „Unzucht" meint nicht schlechthin Ehebruch, sondern ein nicht näher definiertes sexuelles Vergehen. Es scheint sich jedoch um ein Fehlverhalten Verheirateter zu handeln, nicht um ein voreheliches Vergehen[44]. Die Deutung von „Unzucht" auf illegitim Verheiratete ist wohl nicht hinreichend begründet. Die allgemeine Wortbedeutung von πορνεία („Hurerei") legt nahe, an Prostitution zu denken. „Sitz im Leben" ist für die Klauseln nicht die Erinnerung an ein Zugeständnis Jesu, sondern die Lage einer judenchristlichen Gemeinde, die „Unzucht" als Scheidungsgrund gelten ließ.

### *b) Die Perikope Mt 19, 3–12*

Wir können uns in diesem Abschnitt kurz fassen, weil die Problematik von 19, 9 (mit der gegenüber Mk 10, 11 eingefügten Klausel) im wesentlichen besprochen ist. Auch den Sondergutabschnitt mit dem Eunuchenspruch (Mt 19, 10–12) können wir hier übergehen.

Hingegen ist die matthäische Behandlung des Streitgesprächs mit den Pharisäern (19, 3–8) gegenüber der Mk-Vorlage bemerkenswert. Der Evangelist hat das Streitgespräch aus seiner Kenntnis der jüdischen Diskussion um die Ehescheidungsgründe historisch folgerichtiger gestaltet. Die Frage der Pharisäer lautet hier: „Ist es aus irgendeinem Grund erlaubt, seine Frau zu entlassen?“[45] Die Frage setzt voraus, daß über die Scheidungs*gründe* disputiert wird. Zugleich aber hat der Evangelist mit dieser Fragestellung die Perikope auf die negative Entscheidung Jesu hin zugespitzt, die überhaupt keine Scheidungsgründe zuläßt. Freilich ist es auch möglich, daß die Frage schon auf die Klausel in Vers 9 abzielt, die wenigstens einen Scheidungsgrund nennt[46].

Der Hauptunterschied zwischen Matthäus und Markus liegt bei der vorliegenden Perikope darin, daß Matthäus das vorgegebene Streitgespräch zu einem schriftgelehrten Disput gemacht hat[47]. Auf die Frage der Gegner antwortet Jesus zunächst mit dem Hinweis auf die Schrift, um dann die Folgerung zu ziehen: „Was nun Gott verbunden hat, soll ein Mensch nicht trennen.“ Erst dann erfolgt der Einwand der Gegner, die sich auf Dt 24, 1 berufen, wo Mose den Scheidebrief „vorschrieb“. Jesus erklärt daraufhin das Gegenargument für unerheblich, weil Mose eine „Konzession“ gewährte „auf eure Herzenshärte hin“. Matthäus hat den feinen Unterschied zwischen Erlaubtheit und Konzession an den Menschen einerseits und Gebot und Forderung Gottes andererseits in der Mk-Perikope offensichtlich nicht gesehen.

Aufschlußreich ist, daß der Evangelist einen Abschnitt über die Ehelosigkeit anschließt (19, 10–12). Wo er von der neuen Ordnung der Ehe redet, kommt er auf den besonderen Weg derer zu sprechen, die „es fassen". Auch die neue Ordnung der Ehe stellt höchste Anforderungen an den Menschen (19, 10).

### *6. Lk 16, 18 und sein Kontext*

Wir haben bereits gesehen (siehe oben unter 3 a), daß im Lukasevangelium das Logion Jesu über die Ehescheidung wahrscheinlich noch im alten Zusammenhang der Logienquelle steht. Obwohl Lk 16, 18 auch in diesem Zusammenhang ohne Situationsangabe überliefert ist, kann man von der interpretierenden Funktion des Kontextes sprechen. Das die Ehescheidung absolut verwerfende Herrenwort wird in den Zusammenhang der Basileia-Verkündigung Jesu gestellt. Es ist Gesetz und sprengt doch zugleich die alte Gesetzesvorschrift. Dieser Horizont des Einzelspruches ist auch für das lukanische Verständnis zu berücksichtigen. Wahrscheinlich hat der Evangelist Lk 16, 18 als Beispiel dafür verstanden, daß die neue Zeit das alttestamentliche Gesetz nicht aufhebt, sondern verschärfend zur Geltung bringt[48]. Dem „Grundsatzwort" Lk 16, 17 folgt Vers 18 als „Anwendungswort"[49]. Lukas hat – im Unterschied zu Matthäus – das markinische Streitgespräch Jesu mit den Pharisäern über die Ehescheidung nicht übernommen. Was immer dafür die Gründe sein mögen, – sicherlich spielt auch die heidenchristliche Lage des Evangelisten und seiner Leser hier eine Rolle. Es besteht kein Interesse mehr an der Diskussion der Spannung zwischen Dt 24, 1–4 und der Entscheidung Jesu.

Wenn wir die lukanischen Änderungen innerhalb des betreffenden Herrenwortes in Augenschein nehmen, so wird man gegenüber dem ursprünglichen Q-Logion beachten müssen, daß die Worte „und heiratend eine andere" einen Zuwachs darstellen. Dieser Zuwachs findet sich entsprechend auch Mk 10, 11 und – davon abhängig – Mt 19, 9. Er hängt mit einer anderen Änderung gegenüber der ältesten Fassung zusammen, die darin besteht, daß im ersten Glied des Spruches die Scheidung direkt als Ehebruch bezeichnet wird, ohne daß auf den Anstiftungscharakter dieses Vergehens hingewiesen würde. Ein solches Verfahren „bot sich beim Übergang in die außerjüdische Umwelt nicht nur an, es war unausweichlich, wenn es überhaupt verstanden werden sollte“[50]. Durch die Wiederheirat wird die vollzogene Scheidung unwiderruflich. Das gilt für den Bereich, in dem die Monogamie üblich ist. Außerdem kann man mit Greeven[51] erwägen: „Neben der Unwiderruflichkeit der Scheidung könnte mit der Erwähnung der Wiederheirat noch etwas anderes gemeint sein: Vielleicht wollte man die Möglichkeit nicht verstellt sehen, daß Ehegatten aus ‚geistlichen‘ Gründen auf eine Weiterführung ihrer Ehe verzichteten. Eine Wiederheirat würde solche Begründung dann als lügnerisch erweisen.“

### 7. *Der Kontext von 1 Kor 7, 10 f. 15*

Auch hier können wir auf das oben (unter 3 c) Gesagte zurückgreifen. Paulus kennt die Entscheidung Jesu gegen die Ehescheidung aus der heidenchristlichen Tradition. Die Fassung des Herrenwortes (1 Kor 7, 10 f.) setzt auch die Möglichkeit voraus, daß eine Frau sich scheidet.

Für den paulinischen Kontext ist beachtlich, daß er – wir haben ein entsprechendes Verfahren schon innerhalb von Mt 19, 3–12 erkennen können – von Ehe und Ehelosigkeit im gleichen Zusammenhang spricht. Des Paulus eigener Wunsch ist, daß alle Menschen wie er selbst ehelos wären. Das Anliegen der paulinischen Argumentation wird 7, 16 bis 24 erkennbar. Jeder soll so „wandeln“, wie es ihm der Herr zugeteilt und wie ihn Gott berufen hat.

Der Kontext des überlieferten Herrenwortes enthält ferner – wiederum analog zu den Stellen des Matthäusevangeliums – eine Ausnahme vom Herrengebot (7, 15)[52]. Für unsere Fragestellung ist von Bedeutung, ob Paulus die Weisung des Herrn und seine eigene Mahnung auch als rechtliches Gebot versteht. Davon hängt in gewisser Weise ab, ob von bloßer Trennung der Ehegatten oder von rechtsgültiger Scheidung die Rede ist.

Die in dem Herrenwort begegnenden Verba „sich trennen – entlassen“ (μὴ χωρισθῆναι – μὴ ἀφιέναι) sind im Sprachgebrauch der Umwelt die eigentlichen Termini für die Ehescheidung[53]. Von daher besteht also kein Einwand gegen das Verständnis im rechtlichen Sinn. Dennoch kann man die Frage stellen, ob an eigentliche Rechtsakte gedacht ist. Im griechisch-römischen Recht ist die Scheidung im Grunde Sache der Ehegatten, die keiner behördlichen Genehmigung bedarf, aber Beurkundung verlangt und an gewisse Formen gebunden ist[54]. Wenn Paulus dem schon – als Heiden – geschiedenen Christen sagt, er solle unverheiratet (ἄγαμος) bleiben, so ist das indirekt ein Hinweis darauf, daß jedenfalls Paulus die vollzogene Trennung als Scheidung im eigentlichen Sinn ansieht.

Die gleiche Terminologie (ἀφίημι, χωρίζομαι) begegnet nun auch in der Erörterung des Paulus bezüglich der Mischehe. Wenn der heidnisch bleibende Partner sich scheiden will, kann er es tun; der christliche Partner ist „nicht geknechtet" (7, 15). Sobald man an die Weisung von 7, 11a. b denkt, wird man jedenfalls nicht mit Sicherheit sagen dürfen, daß Paulus nach Aufhebung der Mischehe an eine Wiederheirat denkt und diese gestattet[55]. Insofern ergeben sich Schwierigkeiten für den, der das kirchliche „Privilegium Paulinum" allein aus 1 Kor 7, 15 begründen wollte. In beiden Fällen will Paulus die Gatten bewegen, die Ehe möglichst zu erhalten: Wer sich schon getrennt hat, soll sich, wenn möglich, mit dem Partner versöhnen (7, 11b)[56]. Auch die Trennung der gemischten Ehe wird als letzter Ausweg angesehen (7, 12–16). Es fällt nicht leicht, den rechtlichen Charakter dieser Weisungen als gesichert zu erweisen.

„Wäre dem nichtchristlichen Ehepartner mit χωριζέσθω lediglich die eigenmächtige Beendigung der häuslichen Gemeinschaft zugebilligt, so hieße das, der Christ solle ihn gehen oder sich von ihm des Hauses verweisen lassen. Die ihm nicht auferlegte δουλεία bestünde dann darin, daß er dem Fortgegangenen nachgehen oder sich um die Wiederaufnahme ins Haus bemühen müßte. Wäre in χωρίζεται dagegen eine rechtsgültige Scheidung zu sehen, so wäre dem Christen die – etwa erforderliche – Zustimmung angeraten, und οὐ δεδούλωται wäre vom aufgehobenen ehelichen Bande zu verstehen, wie Paulus 1 Kor 7, 39 sagen kann: ἐλευθέρα ἐστίν (dort freilich erst nach dem Tode des Mannes)"[57].

Weniger zurückhaltend äußert sich Schnackenburg, wenn er zu 1 Kor 7, 10 f. schreibt: „Eine verheiratete Frau darf sich von ihrem Mann nicht trennen, und ein Ehemann darf seine Frau nicht entlassen. Zugleich aber faßt er [Paulus] den Fall einer äußerlichen Trennung ins Auge und ordnet an: Wer sich in dieser Weise von seinem Ehegatten getrennt hat, darf sich nicht wieder verheiraten oder muß zu seinem Ehepartner zurückkehren. In allen diesen Fällen geschieht also eine Konkretisierung des ursprünglichen richtungweisenden Wortes Jesu; es wird als bindendes Gebot für die Gemeinden verstanden. Die katholische Kirche kann sich in ihrer Praxis also zum mindesten auf das Verständnis und die Praxis der Urkirche berufen"[58].

Eine weitere Schwierigkeit sei genannt. Das markinische Streitgespräch über die Ehescheidung beruft sich auf die Schöpfung und den Schöpferwillen, um die Unauflöslichkeit der Ehe zu begründen. Demnach gelten hier auch die sogenannten Naturehen als unauflöslich. Wie kann dann Paulus die Scheidung einer solchen Naturehe gestatten, nachdem ein Ehegatte gläubig wurde? Auch wenn man Paulus so versteht, daß er eine rechtliche Scheidung konzedieren will, wird man beachten müssen, daß Paulus das markinische Streitgespräch nicht kannte. Außerdem ist die Begründung, die das Streitgespräch bietet, nicht so fest mit der Weisung Jesu verbunden, daß die Weisung nur auf Grund dieser Begründung Geltung hätte. Das beweisen die ungerahmt überlieferten Fassungen des Herrenwortes in der vorsynoptischen Tradition.

### *8. Die Ehe als Nachvollzug des Verhältnisses Christi zur Kirche (Epheserbrief)*

Ansätze zu einer Theologie der Ehe bieten neben den schon genannten Begründungen des Ehescheidungsverbotes Jesu vor allem die Gedanken, mit denen der Verfasser des

Epheserbriefes seine Mahnungen für Mann und Frau begründet (5, 22–33)[59]. Hier wird die Ehe im Lichte des Verhältnisses Christi zur Kirche gesehen. Die verwendeten Vergleiche sind nicht ganz auf einen Nenner zu bringen. Denn einmal geht es bei dem Vergleich um das Ehe*verhältnis* (5, 23–24. 29 b–30), dann aber wird darauf abgehoben, wie es zu diesem Verhältnis kam, also gewissermaßen auf die Ehe*schließung* (5, 25 b–27. 31)[60]. Der Mann *ist* Haupt der Frau, wie Christus das Haupt der Kirche ist; Christus ist der Kirche sorgend zugetan. Die *Tat*, durch die der jeweilige „Bund" zustande kam, ist auf seiten Christi seine Liebe und Hingabe für die Kirche; die Kirche soll „herrlich", „heilig und makellos" werden.

Es ist sicher richtig, daß es hier um mehr geht als um einen bloßen Vergleich[61]. Während das Alte Testament (schon Hos 1–3) den Bund Jahwes und Israels mit dem Verhältnis eines Ehebundes von Mann und Frau verglich, geht der Epheserbrief von dem realen Verhältnis Christi zu seiner Kirche aus und deutet von daher die Ehe. Die Denkrichtung ist also umgekehrt. In dieser Sicht, die sicherlich auch durch die Intention des Briefverfassers bedingt ist, sich gegen gnostische Eheabwertungen zu wenden, wird dann Gen 2, 24 zitiert und von dem „großen Mysterium" gesprochen, das in dem Schriftwort bzw. in der dort angesprochenen Sache enthalten ist (Verse 31 f.)[62]: „Deswegen wird der Mensch Vater und Mutter verlassen und seinem Weib anhangen, und sie werden *ein* Fleisch sein." Dann folgt die Deutung: „Dieses Geheimnis ist groß; ich deute es auf Christus und die Kirche."

Auf die im Verhältnis Christi zur Kirche vorhandene grundlegende *Einheit* (vgl. die Verse 23. 28–30. 31) kommt es an[63]. Die Ehe ist Nachvollzug oder Abbild dieser Einheit. Der christologisch gedeutete Genesis-Vers spricht schon von der Einheit, die Vers 30 meint: Wir sind als Christen in der Kirche „Glieder seines Leibes". Die getauften Glieder der Kirche *sollen* nicht nur (Verse 28 f.) in der Ehe solche Einheit wahren. Vielmehr ist ihr „Bund" wesenhaft in der Einheit *gegründet*, die die Kirche mit Christus verbindet[64]. Insofern kommt hier – wenn auch indirekt –

etwas wie der Begriff eines „Ehebandes" in den Blick, das das aktuelle Miteinander der Gatten übergreift. Freilich kann auch erkannt werden, daß Gen 2, 24 hier nicht zitiert wird, um die Scheidung der Gatten zu verbieten, wie das Mk 10, 7–9 geschieht, sondern um die Liebe der Gatten zu fordern.

Die Mk-Stelle aus dem Streitgespräch über die Ehescheidung liegt indessen, da sie ja nicht „christologisch", sondern im Sinne des alttestamentlichen Kontextes verstanden ist, auf der Linie dessen, was man eine „moralische" oder auf dem Willen gründende Einheit der Gatten nennen kann. Die Ehe von Mann und Frau wird hier – nicht allgemein, sondern für jeden konkreten Fall – auf den Willen Gottes gegründet, der die beiden (letztlich) verbunden hat. An den Willen der Gatten ergeht demgemäß die Mahnung: „Was also Gott verbunden hat, soll ein Mensch nicht scheiden" (10, 9). Diese Mahnung beruht allerdings nicht nur auf dem Zitat aus Gen 1, 27 und 2, 24, sondern zusätzlich auf einer die Einheit der Gatten andeutenden Schlußfolgerung aus dem Mischzitat: „Also sind sie nicht mehr zwei, sondern *ein* Fleisch" (Mk 10, 8 b).

Es kann nicht bestritten werden, daß die Zitation und Deutung von Gen 2, 24 im Epheserbrief in höherem Maß eine Wesenseinheit der Gatten – und zwar der christlichen Ehegatten – voraussetzt. Diese gründet in der das Wesen der Ehe vorabbildenden und diese daher bestimmenden Einheit von Christus und Kirche.

### *9. Ergebnisse*

Nicht alle Einzelergebnisse der vorausgehenden Analysen können hier zusammenfassend genannt werden. Es soll aber im Blick auf die anfangs genannten Probleme zusammengestellt werden, was aus der Sicht des Neuen Testaments zur heutigen Problematik der Ehe-Unauflöslichkeit gesagt werden kann.

a) Das Verbot der Ehescheidung wird in einer *breiten Tradition* der ältesten Kirche als eine Forderung Jesu überliefert.

b) Die aus Mt 5, 32 und Lk 16, 18 rekonstruierte *ältere Fassung der Weisung Jesu* ist (als ungerahmter Spruch) wahrscheinlich die auf ihn selbst zurückgehende Form. Demgegenüber ist die in dem markinischen Streitgespräch (Mk 10, 2–9) erhobene Forderung, die Gatten nicht zu scheiden – unter anderem auch wegen der dort gebotenen Begründung –, wohl als sekundäre Bildung anzusprechen.

c) Die älteste Fassung der Jesus-Forderung ist formgeschichtlich ein *Gesetzeswort*. Freilich geht der Inhalt dieses Wortes wesentlich hinter gesetzlich-kasuistische Erörterungen zurück und meint primär eine – wie wir heute sagen – moralische Forderung, die absolut gilt.

d) Die Traditionsgeschichte der Jesus-Forderung weist *Begründungen* für das Gebot auf: Mk 10, 2–9 begründet es durch den Rückgriff auf den Schöpferwillen Gottes. Der Kontext der Logienquelle (vgl. Lk 16, 16–18) versteht das Gebot aus dem Zusammenhang der Gottesreich-Verkündigung Jesu. Die matthäische Antithese (Mt 5, 31 f.) setzt die Weisung Jesu als Forderung der „besseren Gerechtigkeit“ in Gegensatz zur Freigabe der Scheidung bei „den Alten“.

e) Die Traditionsgeschichte des Herrenwortes zeigt ferner, daß die *Forderung Jesu kasuistisch* auf neue Verhältnisse, insbesondere auf den Bereich des griechisch-römischen Eherechts, *angewendet* wurde. Auch für die Frau gilt, daß sie sich nicht scheiden soll.

f) Die Konzessionen, die gegenüber der absoluten Forderung Jesu im Laufe der frühen Traditionsgeschichte gemacht werden, bezeugen indirekt ein *gebothaftes Verständnis* des Herrenwortes.

g) Die *paulinische „Konzession“* bezieht sich auf Probleme, die sich aus der missionarischen Situation ergaben. Eine Frau, die schon geschieden ist, ehe sie zum Glauben kam, darf getrennt bleiben. Wenn von zwei Ehegatten einer gläubig wird und der ungläubige Partner sich scheiden möchte, so ist der christliche Partner zur Scheidung berechtigt. Wahrscheinlich denkt Paulus jedoch nicht an eine Wiederheirat, die erlaubt wäre.

h) Die *matthäischen „Unzuchtsklauseln“* hingegen, die ein späteres Stadium der Geschichte und einen judenchristlichen Raum reflektieren, erlauben im Falle von „Unzucht“ eines Ehepartners offenbar die eigentliche Scheidung (mit der möglichen neuen Heirat).

i) Aus der bei Paulus und im Matthäusevangelium bezeugten Praxis ist zu ersehen, daß der Apostel Paulus und die „matthäische“ Gemeinde sich zu „Konzessionen“ gegenüber der absoluten Forderung Jesu *für bevollmächtigt hielten.* Die beiden Fälle zeigen aber – indem sie grundsätzlich an der Forderung Jesu festhalten –, daß die Konzession, die im matthäischen Fall auch als eine eigentlich rechtliche gesehen werden muß, gerade die Funktion hat, der grundsätzlichen Weisung Jesu zu entsprechen und sie aufrecht zu erhalten.

k) Der *Epheserbrief* bietet in anderer Weise als die Überlieferung des Herrenwortes eine Grundlage für die Ehescheidungsdiskussion. Im Rahmen einer paränetischen Haustafel wird zur Gattenliebe ermahnt, und zwar unter Hinweis auf Christi Einheit mit der Kirche. Die *Einheit der Gatten* wird als Nachvollzug dieses Verhältnisses gesehen und kann somit die Forderung zur gegenseitigen Liebe begründen. Auch eine „antignostische“ Absicht dürfte dieser Sicht zugrundeliegen, insofern vom Christusgeheimnis her gegen eine falsche Bewertung der Ehe vorgegangen wird. Deutlicher als in Mk 10, 8 b wird Eph 5, 28–33 eine Wesenseinheit der Gatten vorausgesetzt, die nicht nur auf die Willensentscheidung von Mann und Frau zurückgeht. Diese Einheit wird christologisch-ekklesiologisch begründet.

RICHARD HAUSER

# DIE UNAUFLÖSLICHKEIT DER EHE ALS PASTORALE SORGE

Der pastoralen Sorge ist die Verwirklichung christlichen Lebens in all seinen Bereichen aufgegeben. Daß Gottes Wort vernehmbar ist, sein Anruf angenommen und beantwortet wird, daß Kirche wird, handelt und Zeugnis gibt, ist ihr Anliegen. An ihm nehmen mit mehr oder weniger umfassender Verpflichtung alle Glieder der Kirche teil. Es geht um den Lebensvollzug der Kirche selber und die Erfüllung des ihr aufgetragenen Heilswerks.

Aus dem Wort Gottes und der überlieferten Wahrheit ergeben sich die Grundvollzüge und Ordnungen christlichen Lebens. Sie sind immer wieder neu zu bedenken, auszulegen und als Maßstäbe anzuwenden. Sie sind der eine Ansatz jeder pastoralen Planung. Aktualisiert aber müssen sie werden in den geschichtlich sich wandelnden Verhältnissen der Kirche und ihrer Glieder. Nur in der Gegenwart und ihrem sich stets verändernden Horizont vollziehen sich Verkündigung und Annahme des göttlichen Heils, besteht Kirche in dieser Weltzeit. Diese Gegenwart ist zugleich für den Glauben der konkrete Ort, an dem Anruf und Auftrag Gottes an die Kirche ergehen.

Rechte pastorale Sorge muß deshalb für ihr Planen ebenso der geschichtlichen Situation, den gesellschaftlichen Verhältnissen, dem allgemeinen Bewußtsein einer Zeit und ihren Nöten zugewandt sein. Nur mit solcher wachsamen Offenheit wird sie das verstehbare Wort und die wirksame Weise finden, ihre Botschaft zu Gehör zu bringen und den Menschen zum Heil zu helfen. Jede Zeit hat ihre eigene Sprache, und seelsorgliche Maßnahmen können unter bestimmten Verhältnissen hilfreich sein, unter anderen nur auf Unverstehen stoßen. Dabei wird es zugleich stets darauf ankommen, daß bei allem Eingehen auf die veränderten Verhältnisse Gottes eine und selbe Wahrheit und seine unabdingbaren Forderungen nicht angetastet werden.

Gerade auch die Ehe wird unter diesen Voraussetzungen in die Sorge der Kirche aufgenommen werden müssen. Sie ist als wesentliches Element menschlichen Gemeinschaftslebens notwendig in den Wandel kultureller und sozialer Zeitanschauungen hineingestellt, sie ist zugleich als Stiftung Gottes und Sakrament aufbauende Zelle der Kirche. Die sich ihr zuwendende pastorale Sorge wird also sowohl ihre zeitbedingte Gestalt und Gefährdung ebenso zu bedenken haben wie ihre von Gott verfügte Ordnung und die notwendigen und möglichen Hilfen für menschliches Scheitern.

### *1. Die heutige Gefährdung der Ehe*

Auch ohne ausführliche Statistiken zeigt die allgemeine Erfahrung, wie berechtigt es ist, von einer Gefährdung der Ehe zu sprechen. Sie hat längst ihre selbstverständliche innere Festigkeit verloren, zerbrechende Ehen sind an der Tagesordnung, Ehescheidungen werden ohne großes Verwundern registriert.

Die Ursachen liegen auf der Hand. Der Wandel der wirtschaftlichen und sozialen Verhältnisse hat die überlieferte Struktur von Ehe und Familie grundlegend verändert. Aus der bäuerlichen oder bürgerlichen Großfamilie ist die Kleinfamilie des verstädterten Menschen geworden. Die alte Großfamilie war meist eine wirtschaftliche Einheit, die gemeinsam die Sorge für den Lebensunterhalt trug, ihren Gliedern eine feste Einordnung gab, damit aber auch oft eine Beschränkung der eigenen Entfaltung auferlegte.

Von ihr losgelöst, erhielt der einzelne eine größere Beweglichkeit und Freizügigkeit, die er vielfach aber durch geistige Entwurzelung und fehlende Beheimatung erkaufen mußte. Die jetzt eingegangenen ehelichen Bindungen standen nicht mehr unter der sozialen Kontrolle einer bekannten Umwelt, damit entfielen aber auch die Sicherungen, die ihr Bestand bisher aus der gesellschaftlichen Verbundenheit besaß. Die personale Bindung der Partner mußte fast allein tragende und bewahrende Kraft der Ehe sein. Dabei ruhte sie oft auf einer zufälligen, wenig überlegten Wahl, mußte sich vielfach mit sehr beengtem Raum begnügen und besaß bei inneren Schwankungen nicht mehr die bewahrende Hilfe von anerkanntem Brauch und verantwortlicher Überlieferung. Die fehlende Geborgenheit in der elterlichen Familie und die sexuelle Frühreife lassen die Frühehe überhand nehmen. Junge Menschen schließen sie, ohne zu einer wirklich personalen Liebe schon fähig zu sein und ohne die mit der Ehe auf sie zukommenden Verpflichtungen zu übersehen. Kein Wunder, daß die auftretenden Schwierigkeiten oder das Erlöschen eines falsch verstandenen, leidenschaftlichen Gefühls solche Ehen zerbrechen lassen. Wirtschaftliche Unabhängigkeit und allgemeine Mobilität der Partner erleichtern nur den Entschluß.

Auch die viel höhere Lebenserwartung des heutigen Menschen wird für den Bestand der Ehe kritisch. Durch sie wird die Dauer der Ehen um Jahrzehnte verlängert und zu ihrem Bestand eine tiefere Kraft der Treue erfordert. Vergleichgültigende Gewöhnung und innere Entfremdung können für die Partner eine ernste Versuchung sein. Die Psychologie kennt die Krisis in der Lebensmitte des Menschen. Es lassen sich nach allgemeiner Erfahrung schon geradezu typische Modelle solcher Ehekrisen darstellen. Da ist der vierzig-, fünfzigjährige Mann, der aus einer angeblich langweilig gewordenen Ehe in eine ihn jetzt erst zu erfüllen scheinende Bindung an eine jüngere Arbeitskollegin flüchtet. Oder da ist die durch die berufliche Inanspruchnahme des Mannes vereinsamte Frau, die für ihre bisher vermeintlich nicht beantwortete Liebe einen verständnisvolleren Freund gefunden zu haben glaubt.

Wo aber eine Ehe tatsächlich gescheitert ist, verstehen Menschen heute kaum noch, daß sie verpflichtet sein sollten, einsam zu bleiben, und daß ihnen eine neue Ehe verwehrt sein sollte. Früher hatte, in den zudem viel selteneren Fällen einer getrennten Ehe, der Geschiedene noch immer einen Ort in der Familie, aus der er stammte. Heute ist er leicht völlig vereinsamt und kommt sich gesellschaftlich ausgeschlossen vor. Er glaubt, ein elementares Recht auf eine Ehe zu haben und in einer ehelichen Bindung auch drohender Gefährdung zu entgehen.

Gefördert werden solche Entscheidungen durch das öffentliche Bewußtsein. Man kann nicht übersehen, wie sich das allgemeine Urteil und die sittliche Wertung der ehelichen Treue und Scheidung der Ehe im Sinne einer Lockerung gewandelt haben. Dazu haben nicht nur die rechtliche Erleichterung der Ehescheidung, sondern mehr noch das vielseitige Beispiel beigetragen. Die sittlichen Anschauungen einer Zeit werden geprägt durch das, was als Rechtens gilt, und durch das Verhalten gesellschaftlicher Vorbilder, wie sie heutzutage die Lebensgeschichten von Filmgrößen und anderer Prominenter darstellen. Auch gläubige Katholiken werden dadurch langsam in ihren Grundsätzen unsicher gemacht, in ihrem Urteil und bei akuter Gefährdung in ihrer Treue schwankend.

Es ist nicht leicht, sich gegen eine kollektive Moralauffassung zu behaupten, ja es können kollektive Leitbilder und öffentliche Meinung einer ganzen Zeit sogar unter Umständen ein unüberwindliches irriges Gewissen schaffen. Dann wird selbst eine theoretisch gegenläufige Erkenntnis vom einzelnen nicht mehr existentiell vollzogen, weil der allgemeine Trend alle Zweifel niederschlägt. Karl Rahner hat auf das bisher in der Moraltheologie noch nicht beachtete Thema eines kollektiv irrenden Gewissens erstmals aufmerksam gemacht[1]. Es scheint, daß wir ihm in Hinsicht der ehelichen Sittlichkeit heute weithin begegnen.

### 2. *Die Ordnung Gottes*

Die biblischen Aussagen bieten zwar keine geschlossene Lehre über die Ehe, aber sie weisen doch deutlich die Ordnung Gottes auf. Nach den Schöpfungsberichten sind die geschlechtliche Ausstattung und Zuordnung der Menschen wie ihre institutionelle Ausgestaltung in Ehe und Familie Gottes Stiftung. Es liegt im Wesen dieser Stiftung begründet, daß Israel in seiner späteren Bundestheologie die eheliche Verbundenheit von Mann und Frau immer wieder aufnimmt, um Jahwes Verhältnis zu seinem erwählten Volk darzustellen. Diese Theologie des liebenden Bundes hat nicht nur im Laufe der Jahrhunderte in Israel immer deutlicher die Monogamie als eigentliche Gestalt der Ehe erkennen lassen. Vor allem ist durch sie der tiefere religiöse Sinn der Geschlechtsgemeinschaft selber allmählich hervorgetreten. Sie besitzt ihn schon von Hause aus und ihrem natürlichen Wesen nach. Indem der Mensch in der Treuebindung aus Freiheit sich völlig dem geliebten andern anvertraut und aus ihm und mit ihm sein Leben wagt, vollzieht er einen entscheidenden Schritt auf den hin, der eigentlich und zuletzt das Du solcher Hingabe ist.

Vollkommen wird dieser Sinn der Ehe erst im Neuen Testament entfaltet, das in seinen Aussagen über die Ehe immer wieder auf den Schöpfungsbericht zurückgreift. Der Epheserbrief nennt das Schriftwort Gen 2, 24 ein Mysterium, ein Geheimnis, und legt es christologisch aus. In der Schöpfungsordnung der Ehe ist nach ihm das Christusgeheimnis der Erlösung verborgen, im ehelichen Verhältnis von Mann und Frau ist der geheimnisvolle Bund Christi mit seiner Kirche gegenwärtig. Es kommt damit nur zum Ausdruck, daß die Schöpfung vom Ursprung her auf die Erlösung hingeordnet und vom Liebeswillen Gottes umgriffen ist, Schöpfung und Bund stehen nicht rein äußerlich nebeneinander.

Die Aussagen des Epheserbriefs vor allem haben die Theologie der Ehe in der Kirche befruchtet. Schon die Väter verstehen sie in heilsgeschichtlicher Zuordnung zu Christus und der Kirche. Vom 12. Jahrhundert an, als der Begriff des Sakraments endgültig formuliert war, wurde die Ehe in die nun abgegrenzte Siebenzahl aufgenommen. Allerdings zeigte sich dabei gleich, daß dieses Sakrament eine eigene Gestalt besitzt. Es wird mit ihm nicht ein neues Zeichen erst gestiftet, durch das Christi Heilswerk sich vollzieht, sondern eine von der Schöpfung her bestehende Institution wird ihrem immanenten Sinn entsprechend ausdrücklich in den Zusammenhang dieses Heilswerks gestellt.

„Sakramentalität der Ehe besagt, daß die in der Ehe konkretisierte Schöpfungsordnung des Zueinander von Mann und Frau nicht neutral und bloß weltlich neben dem Bundesgeheimnis Jesu Christi steht, sondern selbst aufgenommen ist in die Bundesordnung des Bundesvolkes Gottes"[2]. Indem Christus den neuen Bund der Gnade in seinem Blute stiftet, bringt er überhaupt erst den geheimnisvollen Charakter des natürlichen Ehebundes voll ans Licht. Schon einfach ihrer schöpfungsmäßigen Wirklichkeit nach weist die Ehe auf die gnadenhafte Einheit von Christus und der Kirche hin. Darüber hinaus aber bezieht Christus sie in sein Heilswerk ein, macht sie zum Sakrament.

Die Sakramentalität meint nicht irgendeine Heiligung des Eheabschlusses, vielmehr empfängt die Ehe selber nun Heilskraft und läßt ihre Partner durch die gegenseitige Liebe am Heilstun Christi teilnehmen. „Sakrament ist nicht etwas über, neben oder an der Ehe, sondern gerade die Ehe selbst, und als solche ist sie für den, der sie im Glauben lebt, das Sakrament"[3]. So vertieft das Sakrament die ursprüngliche Institution der natürlichen Ehe, es geht aber ebenso das in der Schöpfung gesetzte Wesen der Ehe mit seiner Ordnung in das Sakrament ein.

Es ist richtig, daß die Theologie der Ehe durch Jahrhunderte hindurch mehr von der rechtlichen Gestalt der Ehe und von den ihr zugehörenden sachlichen Zwecken als von ihrem inneren Wesen gesprochen hat. Den Ursachen für diese Einseitigkeit nachzugehen, ist hier nicht der Ort. Nach einem ersten Ansatz in der Enzyklika Casti connubii Pius' XI. hat aber jetzt das II. Vatikanische Konzil den personalen Kern der Ehe mit großer Eindringlichkeit herausgestellt. „Darum gewähren sich Mann und Frau, die im Ehebund nicht mehr zwei sind, sondern ein Fleisch, in inniger Verbundenheit der Personen und ihres Tuns gegenseitige Hilfe und gegenseitigen Dienst und erfahren und vollziehen dadurch immer mehr und voller das eigentliche Wesen ihrer Einheit ... Christus der Herr hat diese Liebe, die letztlich aus der göttlichen Liebe hervorgeht und nach dem Vorbild seiner Einheit mit der Kirche gebildet ist, unter ihren vielen Hinsichten in reichem Maße gesegnet"[4]. Das innerste Wesen der Ehe ist also die liebende, personale Zuwendung und Verbundenheit der beiden Partner. Sie wird als Berufung empfangen und bedeutet für die Partner Gabe und Auftrag zugleich. Liebe ist der tragende Grund der Ehe, sie will in Treue, Ehrfurcht und Dankbarkeit gelebt, bewahrt und unter Umständen auch wieder erneuert werden. Sie hat viele Weisen ihres leibseelischen Ausdrucks, kennt ein Auf und Ab ihrer Entfaltung, kann an Grenzen der Gefährdung oder des Verstummens vielleicht mit Mühe aufrecht erhalten werden, ohne deshalb aufzuhören, die Liebe zu sein. Immer ist sie als Anruf auch ernste Verpflichtung und im Sakrament zugleich helfende Gnade. Man würde sie völlig mißverstehen, begriffe man sie nur als entflammte Leidenschaft, ereignishafte Faszination oder augenblickliche Sympathie und legte eine Ehe nur aktualistisch als Kette je wiederaufbrechender Liebe aus. Vielmehr ist sie endgültige Entscheidung der Person, „durchtränkt von der Entscheidung des Willens, sich ein Leben mit dem andern zu verbinden“[5].

Man kann die eheliche Liebe deshalb auch nicht, wie es gern getan wird, in Gegensatz zur Institution setzen. Diese Liebe will sich ja ausdrücklich unter die Ordnung stellen, die zur Ehe notwendig gehört, sie bejaht in personaler Freiheit die sie bewahrende Institution. Bei aller Personalisierung und Humanisierung der Ehe darf doch nicht vergessen werden, daß die institutionelle Ordnung gleichsam das sichernde Gehäuse ist, in dem das Leben der Ehe sich erst sorglos entfalten kann. Ehe ist keine individualistische Privatangelegenheit, sie besitzt ihre rechtlichen Bezüge und bedarf nicht zuletzt zum Schutz ihres verschlossenen Innenbereichs einer normierenden Ordnung. Gerade in ihrer rechtlichen Verfaßtheit und institutionellen Ordnung steht Ehe dem Menschen als Anruf unabhängig und verbindlich gegenüber und fordert die existentielle Erfüllung durch Gesinnung und Haltung. Diese objektive Ordnung und Verfaßtheit ist mehr als der tatsächliche Ehewille der Partner; es wird darin der verpflichtende Bund, das Eheband faßbar.

Man wendet gegen ein objektives Eheband ein, es stelle „eine in sich stehende Seinsqualität“, „eine von Gesinnung und Haltung beider Partner letztlich völlig unabhängige, unzerstörbare Wesenhaftigkeit“ dar, was heutigem Sakramentsverständnis widerspreche[6]. Tatsächlich ist in der Schöpfungsordnung schon die Institutionalisierung des Geschlechterverhältnisses angelegt. Die Berichte der Schöpfungsgeschichte enthalten nach der wahrscheinlichen Deutung zwar noch keine Legalisierung einer bestimmten Eheordnung. Die menschliche Gesellschaft hat sie in der Kulturgeschichte dann nach verschiedenen Richtungen entwikkelt, aber nie unterlassen, für diesen grundlegenden Lebensbereich überhaupt eine Ordnung aufzustellen.

Nachdem allerdings durch den Bund Gottes mit den Menschen in Jesus Christus der eigentliche Sinn des Ehebundes zwischen Mann und Frau sichtbar geworden ist, hat die menschliche Ehe in diesem Bund Gottes für den gläubigen Christen ihre einzig gültige Ordnungsform erhalten. Sie stellt die Forderung nach Einheit und Einzigkeit der Ehe und verlangt, daß die Ehe auch äußerlich unauflöslich bleibe und daß sie über die persönliche Erfüllung hinaus ihre Verpflichtung in der Kette der Geschlechter bejahe.

Es ist Verpflichtung der Kirche, die radikalen Forderungen Jesu zu bewahren, zu verkünden und je und je auszulegen. „Eine entsprechende Ausformung einer rechtlichen Eheordnung ist völlig legitim“[7]. Die inneren Gründe für die notwendige Rechtsordnung der Ehe formuliert Ratzinger sehr klar. „Der Menschen Natur ist es, nicht bloße Natur zu sein, sondern Geschichte und Recht zu haben, haben zu müssen, um ‚natürlich‘ sein zu können. Dies ist der unmittelbare, anthropologische Grund, weshalb menschliche Sexualität der Ordnung durch die Recht setzende Gesellschaft unterliegt und nur als instituierte sittlich und menschlich ist; dies ist der Grund, weshalb die Sittlichkeit des Sexuellen an seine Einfügung in die Ordnungsgestalt gebunden ist, die ihr die menschliche Gemeinschaft setzt ... Das aber heißt: Ehekonstituierend ist nicht schon die personale Liebe allein, und jeder Versuch, von ihr allein aus die Ehe oder gar ihre christlichen Grundbestimmungen, Einheit und Unauflöslichkeit, abzuleiten, ist zum Scheitern verurteilt. Ehekonstituierend ist vielmehr das Ja der Ehepartner (je personaler, desto besser) als ein von der Gemeinschaft angenommenes und geordnetes. Das Eherecht ist nicht eine äußere Zutat zur an sich selbst genügenden Liebe; es gehört zum Wesen der menschlichen Ehe, weil der Mensch von Natur aus ein auf Recht bezogenes Wesen ist“[8].

Gegen diese Argumentation wendet J. Günter Gerhartz ein, trotz der wesentlichen Verwiesenheit des Menschen auf das Recht seien nicht alle Lebensbereiche einer rechtlichen Gestaltung in gleicher Weise zugänglich. Es genüge nicht, allgemein darauf zu verweisen, daß der Mensch seiner Natur nach einer rechtlichen Ordnung bedürfe, vielmehr müsse diese Forderung erst aus der Eigenart des in Frage stehenden Lebensbereichs erwiesen und zudem dessen geschichtliche Wandelbarkeit beachtet werden[9]. Es ist aber wohl nicht allzu schwierig, aus der wesentlichen Eigenart von Liebe und Ehe geschichtlich bleibende Konstanten aufzuweisen, die nach rechtlicher Ordnung rufen.

Allein schon die erfahrene und erlebte Liebe drängt bei aller Intimität nach öffentlicher Anerkennung und Bestätigung. Christian Duquoc hebt die Offenheit „auf das Universale hin“, die der Liebe eignet, hervor. „Daher heißt geliebt werden nicht nur, als einzigartig von dem erwählt sein, der einen liebe, sondern auch und gerade in der Gesellschaft als ein um seiner selbst willen Auserwählter und Geliebter anerkannt werden“[10]. Das aber geschieht nicht nur in beifälliger Annahme dieser Erwählung, sondern verlangt eine bindende Anerkennung in rechtlicher Bestätigung. In dieser bestätigenden Anerkennung gründet des einzelnen Ehre als Geliebter und Auserwählter. Mit der Ausschließlichkeit seiner Liebe und Ehe grenzt sich ein Paar gegenüber der Gesellschaft ab und bleibt doch auf sie bezogen und von ihr abhängig. Es kann den Ort und Raum seiner Existenz aber nicht willkürlich nur von sich aus bestimmen, dazu bedarf es wieder der Regelung durch die Gesellschaft, und wieder sind wir damit in der Sphäre des Rechts, deren der eheliche Bund um seiner selbst willen bedarf. Schutz und Sicherung erfährt er erst dort.

Seinem Wesen nach ist er aber noch viel grundlegender auf die Gesellschaft hin geordnet, er ist als die erste und engste Weise der Vergemeinschaftung notwendiges, aufbauendes Element der Gesellschaft. „Eros und Sexus sind das Alleröffentlichste und das Allerintimste zugleich. An ihnen entscheidet sich Leben und Tod der ganzen Gesellschaft, die vom einzelnen so lebt, wie der einzelne von ihr“[11]. Erst recht deshalb kann die Ehe nicht nur Sache der persönlichen Liebe und Beliebigkeit der beiden Partner sein. Sie gehört wesentlich in die Öffentlichkeit der Gesellschaft und verlangt dort notwendig die gesetzte Norm zu ihrer Geltung und Entfaltung.

Zu den bisher genannten Argumenten für die objektiv bestehende, institutionelle Eigenart der Ehe tritt für den Christen noch verstärkend und bestätigend die Tatsache ihrer Sakramentalität. Sie besagt Geltung vor der Kirche und Auftrag Gottes, gibt der Ehe erst ihren objektiven Gehalt, sie begründet das Eheband.

Es ist eine Entleerung des objektiven Gehalts der Ehe, wenn Robert Gall mit anderen das Eheband nur noch verstehen will als „eine von der Kirche mit dem Eheabschluß verbundene Rechtswirkung, die zur Folge hat, daß beide Partner – trotz Zerrüttung und Trennung – zu Lebzeiten des andern keine neue Ehe eingehen können“[12]. Das eben wäre eine, im übrigen gerade beklagte, Reduzierung der Ehe auf ihren kanonistischen Aspekt. Gewiß verlangt der vorgegebene objektive Gehalt der Ehe seine lebendige Erfüllung in der konkret gelebten Liebe der Partner. Erst diese Verwirklichung ist die reale Ehe. Aber eben das objektive Eheband ist sowohl verpflichtender Anruf wie notwendige Darstellung jeder realen Ehe, ohne diese Ordnung hätte personale Liebe keinen Halt, wäre sie nicht Ehe.

Hermann Volk weist mit Recht darauf hin, daß Ehe nicht einfach in einzelnen Akten bestehe, sondern „einen den ganzen Menschen bestimmenden Durchgriff, eine standbildende Kraft“ besitze. „Einheit und Unauflöslichkeit sind darum nicht als von außen kommende Forderungen noch als verfremdende Gesetzlichkeit gegen personale Liebe zu betrachten“[13]. Trennt man die objektive Ordnung der Ehe als unwesentliche Äußerlichkeit von der personalen Liebe ab, dann mißversteht man die Lebensgemeinschaft und Geschlechtshingabe aktualistisch und peripher[14].

### 3. *Das Gebot der Unauflöslichkeit*

In der objektiven Ordnung der Ehe ist ihre Unauflöslichkeit enthalten, das sakramentale Eheband verpflichtet endgültig. Die Kirche hat die Forderung der Unauflöslichkeit dem eindeutigen Zeugnis des Neuen Testaments entnommen. Jesu Wort: „Was nun Gott verbunden hat, das darf der Mensch nicht trennen" (Mk 10, 9; Mt 19, 6; Lk 16, 18) enthält das absolute Verbot der Scheidung. In seinem Gespräch mit den Gesetzeslehrern durchstößt Jesus die Kasuistik der Gesetzesauslegung und verweist zurück auf den Ursprung der Schöpfungsordnung. Es ist hier nicht notwendig, die exegetischen Probleme der neutestamentlichen Texte im einzelnen zu entwickeln. Auch wenn man von einem Zielgebot oder einem Verkündigungsideal spricht, bleibt das Ideal unabdingbar, die Forderung verpflichtend. Eben die biblischen Zeugnisse erweisen, daß schon die Urkirche das unbedingte Verbot als solches verstanden hat.

Es lag an der schwierigen, bis heute nicht eindeutigen Auslegung dieser Zeugnisse, wenn in der Vätertheologie über die Ehescheidung und etwaige Wiederverheiratung Unsicherheit bestand[15]. Die pastorale Praxis blieb bis ins 11./12. Jahrhundert schwankend. Das hing nicht zuletzt mit der sich auch erst allmählich entfaltenden Theologie der Ehe zusammen. Über die theologische Entwicklung urteilt Jean Gaudemet zusammenfassend: „Das Prinzip der Unauflöslichkeit wurde immer entschiedener durch die Lehre bestätigt und durch die Gesetzgebung bekräftigt"[16]. Vom 12. Jahrhundert an ist die Unauflöslichkeit der sakramentalen Ehe unbezweifelte Lehre der Kirche und unbedingte Forderung ihres Gesetzes[17].

Die Lehre ist wohl nicht als unfehlbares Dogma verkündet und besitzt somit, wie Navarrete und Russo feststellen, nicht den theologisch höchsten Gewißheitsgrad[18]. Die Klärung der ersten Jahrhunderte lief aber deutlich und mit entscheidenden Zeugen auf diese Aussage zu, und seit dem

12. Jahrhundert ist sie in der Breite des ordentlichen Lehramts unbezweifelt festgehalten worden. Das ist nach allen theologischen Prinzipien ein tragender Beweis.

Gegen Lehre und Gesetz von der Unauflöslichkeit der Ehe wird oft eingewandt, es werde dadurch ein neutestamentliches Gebot wieder vergesetzlicht und aus Gottes Anruf eine erzwingbare Forderung gemacht. Nach dem Verständnis der Bergpredigt könnten aus ihr, also auch aus Jesu Scheidungsverbot, keine unmittelbar konkreten Anweisungen für den Einzelfall mit absoluter Verbindlichkeit abgeleitet werden.

Nun ist es aber zweifellos Auftrag der Kirche, eine verpflichtende Ordnung für das gemeinsame Leben ihrer Glieder zu erstellen. Was anderes sollte sie zu deren Inhalt machen, wenn nicht das eindeutige Gebot des Herrn der Kirche?

Freilich entsteht hier – und das scheint der tiefere Grund aller Einwände zu sein – die Frage nach Wesen und Ziel jeglichen kirchlichen Rechts überhaupt. Es ist richtig, daß nach der Botschaft des Neuen Testaments jedes Gebot allererst Gabe, Geschenk, Berufung ist, nicht aber unwillig ertragener Zwang sein soll. Als Appell zur Erfüllung des Willens Gottes will es verstanden sein, nicht aber als äußerlich angenommene, kasuistisch möglichst zu entschärfende Ordnung nur gelten gelassen werden.

Das in der katholischen Theologie kaum beachtete und erst recht in der Theologie ihres Rechts fast völlig ausgelassene Thema: Gesetz und Evangelium taucht hier auf. Kirchliches Recht ist nicht einfach profanes Recht, auch in seiner Gestalt – in seiner notwendigen Gestalt – behält das Gebot seinen Charakter von Gabe und Anruf. Und umgekehrt begegnen Anruf und Gabe nicht zu Unrecht auch in gesetzlicher Weise. Gottlieb Söhngen, der fast als einziger unser Thema ausführlicher aufgenommen hat, beschreibt das Verhältnis so: „Die Gabe ist nicht ohne Gebot; ist sie doch um des Gebotes willen da, enthält sie doch das Gebot, enthält es eingegeben mit der Freude und Kraft zum Gebote in unseren Herzen. Und das Gebot ist nicht ohne

Gabe; kommt doch das Gebot nun auf mich zu und in mich hinein als Gabe, so daß ich das Gebot zu erfüllen vermag aus der Gabe, aus dem Geist, der in unsere Herzen gegeben ist"[19]. Die Gabe behält ihren verbindlichen Charakter und ist nicht einfachhin meiner Willkür ausgeliefert.

Es ist deshalb leicht mißverständlich zu sagen, was der Appell zur Erfüllung des Willens Gottes für die konkrete Ehe meine, bleibe „gerade um der Menschlichkeit willen dem gläubigen Gewissen überlassen"[20]. Der Satz gilt gewiß für die nähere Ausgestaltung ehelichen Lebens, aber auf die verbindliche Grundgestalt der Ehe dürfte er nicht angewandt werden.

In einer neueren Veröffentlichung beschreibt Rudolf Pesch die Aufgabe christlicher Ehe mit dem nicht sehr klaren Begriff „freie Treue"[21]. „Mit freier Treue haben wir das von Jesus für die Ehe verlangte Verhalten zu umschreiben versucht"[22]. Ist mit diesem Begriff gemeint, die Treue einer sakramentalen Ehe werde aus der im Geist geschenkten neuen Freiheit zu leisten möglich und aufgegeben, so bezeichnet er tatsächlich den Inhalt solcher Ehe. Pesch versteht das Wort allerdings anders. Nach ihm soll es besagen, der Christ dürfe nach einer gescheiterten Ehe nicht durch ein Gebot der Unauflöslichkeit versklavt werden, sondern erhalte seine Freiheit wieder. Mit dem Begriff des Todes spielend, sagt er unter Berufung auf I Jo 3, 15: „Der Tod im Schritt aus dem Raum des Lebens der brüderlichen Gemeinschaft scheidet christliche Ehen." Der Inhalt der gemeinten Freiheit aber wird beschrieben: „Der Christ hat seiner Berufung gemäß das Recht auf Freiheit und Frieden, auf Freisein von Streit und Zwist, auf Wohlergehen und Glück"[23].

Hier ist offenbar nicht mehr von der neutestamentlichen Freiheit aus dem Geist die Rede. Diese nämlich erweist sich als Bereitschaft zu je größerer Liebe, zu je größerem Guten, nicht aber im Aufgeben der von Gott geschenkten Gabe und Bindung. Sie ist nie Rückkehr in eigene Beliebigkeit. Sie weiß, daß Gottes Gabe unter das Kreuz führen und am Ende gehorsames Opfer sein kann. Es wird ihr aber auch und gerade dann nie beifallen, den verpflichtenden Anruf als äußerliche Gesetzlichkeit zu betrachten oder sich versklavt zu wähnen, wenn das Gesetz des Herrn ihr Joch geworden ist. Sie ist die Freiheit Jesu Christi. „Jesus Christus lebte also nicht sich selbst zu Gefallen, er lebte nicht sich zugute. Er suchte nicht sich selbst. Er gab sich vielmehr frei für Gott. Seine Freiheit war sein Gehorsam gegen ihn und seine Hingabe an ihn ...“[24]. Für den Christen in der Nachfolge bedeutet diese Freiheit dies: „Gerade nicht im Bei-sich-selber-Sein, sondern im Bei-dem-anderen-Sein gewinnt der Christ seine Freiheit. Im Glauben an die im Evangelium zugesagte und im Sakrament zugeeignete, Jesu Christi Leben uns zur Verfügung stellende Tat Gottes ereignete sich die Freiheit des Menschen als Dienst an Gottes Gerechtigkeit“[25]. Gerade seine Freiheit hält den Christen fest an der Treue Gottes, hält ihn gebunden an die Gabe des ehelichen Bundes und an den Bruder oder die Schwester, die ihm auch in ihrer Untreue noch anvertraut bleiben und die er, so lange sie leben, eben niemals tot erklären darf. Anders zu handeln, sein Wohlergehen und Glück zu suchen und dem Kreuz zu entgehen, würde er als Mißbrauch der Freiheit ansehen.

Das Gebot der Unauflöslichkeit der Ehe ist nicht einfach ein positives Gesetz, auch nicht nur eine positive Setzung göttlichen Willens. Es besitzt eine zwingende innere Begründung, die im Wesen und der Ordnung des ehelichen Bundes selbst angelegt ist. „Auch die Unauflöslichkeit der Ehe ist zwar am deutlichsten erkennbar und begründet in ihrem sakramentalen Gehalt, sie entspringt aber schon der Natur der Ehe in ihrer Vollgestalt“[26]. Mit Berufung auf eine Untersuchung Louis und Constance Dupré's will Peter Huizing diesen Erweis ablehnen. Der sakramentale Charakter sei nicht entscheidend und die natürlichen Argumente nicht ausreichend[27]. Die nähere Untersuchung wird zeigen müssen, ob dieses Urteil berechtigt ist.

Die sakramentale Ehe ist die in das Bundesgeheimnis Jesu Christi selber aufgenommene Liebesgemeinschaft von Mann und Frau, die in der Schöpfungsordnung ihren Grund besitzt. Deshalb kommen auch die natürlichen Gründe für die Unauflöslichkeit im Sakrament zum Tragen. Ja, während sie in der außersakramentalen Ehe noch nicht mit ihrer durchschlagenden Kraft sich Geltung verschaffen können, erhalten sie durch das Sakrament ihre volle Bedeutung.

Allererst ist die Unauflöslichkeit der Ehe im gemeinsamen Treuebund selber begründet. Es gehört zur Auszeichnung des Menschen, daß er über sich und sein Leben in die Zukunft hinein frei entscheiden kann. Er lebt nicht nur im Heute und verfügt nicht nur über den Augenblick, er kann ein Versprechen geben, er kann sich binden, er kann seine Treue verpfänden[28]. Indem er sich so voraus entwirft und in Freiheit selber transzendiert, verpflichtet er sich. Das gegebene Wort fordert ihn ein, es entläßt ihn nicht mehr. Er geriete in Widerspruch mit sich selber, würde er die Treue aufsagen. Im Ehebund geschieht diese Bindung der Treue wechselseitig. Jeder der Partner öffnet und übergibt sich dem andern, er verfügt dann nicht mehr allein über sich. Jeder der Partner nimmt den andern an und verläßt sich darauf, daß diese Übergabe endgültig ist und bleibt. Ohne die Endgültigkeit und Unwiderruflichkeit des Tausches könnte keiner sich verantwortlich so radikal einem andern ausliefern, wie es der Liebesbund der Ehe fordert. Er müßte sich mißbraucht und entehrt vorkommen.

Damit der Bund sakramental sei, muß er außerdem in der Kirche stehen. Er muß von der Gesellschaft, hier von der Kirche, bestätigt sein, er bedarf des Ortes und der Anerkennung in der Öffentlichkeit, hier der Öffentlichkeit der Kirche. Die Öffentlichkeit der Kirche bezeugt sein Zustandekommen und sein Bestehen. Zeugnis und Annahme der Kirche sind ebenfalls Grund der Unauflöslichkeit; denn sie geschehen unter dem verkündeten Wort des Evangeliums, was Gott verbunden habe, dürfe der Mensch nicht trennen.

Weil die Verkündigung und Annahme des Wortes Gottes erst die Öffentlichkeit der Gemeinde konstituiert, kann sie nie mit der Öffentlichkeit der profanen Gesellschaft gleichgesetzt werden. Deshalb genügt es auch nicht, die Präsenz der Kirche bei der Ehe auf die gläubigen Partner zu beschränken, wie es Franz Böckle meint[29]. Sicher sind sie die Spender des Sakraments, aber was sie allein tun, bliebe im

Privaten. Wegen des grundlegenden Gemeinschaftsbezugs dieses Sakraments muß die Kirche als Öffentlichkeit seinen Vollzug bestätigen. Die Form des Eheabschlusses ist deshalb nicht gleichgültig.

Aus der sozialen Dimension der Ehe, aus ihrer Bedeutung als notwendige Zelle der Gesellschaft, hier der Kirche, ergibt sich ein weiterer Grund ihrer Unauflöslichkeit. Für J. Günter Gerhartz ist er sogar der einzig verbleibende. Er untersucht in strenger Abgrenzung die Frage, welches denn die eigentliche objektive Begründung für die rechtliche Unauflöslichkeit der vollzogenen sakramentalen Ehe sei (weil sie allein tatsächlich nach der kanonistischen Tradition nicht gelöst werden kann). Nachdem er alle sonst genannten Gründe als nicht genügend abgewiesen hat, zieht er sich darauf zurück, die absolute rechtliche Unauflöslichkeit der Ehe sei eine Setzung der Kirche, die auf dem göttlichen Sittengesetz und dem sakramentalen Zeichen gründe und um des kirchlichen Gemeinwohls willen aufrecht erhalten werde. „Vom Gemeinwohl und seinen Forderungen hängt ab und muß abhängen die Tatsache, daß in der Kirche oder selbst in der bürgerlichen Gesellschaft das Gesetz der unbedingten rechtlichen Unauflöslichkeit der Ehe festgesetzt ist oder auch nicht; denn jedes Gesetz im Sinne des Rechts ist ein Mittel, das die Verwirklichung des sozialen Zustands ermöglicht, den wir das Gemeinwohl nennen“[30].

Das von Gerhartz eingeführte Gemeinwohl der Kirche ist sicher einer der Gründe für die Unauflöslichkeit der Ehe. Nur hängt es eng mit dem Wesen und der Ordnung der Ehe zusammen, ist also nicht nur durch einen positiven Rechtsakt mit ihr verbunden. Auch müßte es seinem Inhalt nach näher entfaltet werden. Es besteht keineswegs nur in den rechtlichen Wirkungen der Ehe für die kirchliche Gemeinschaft und ist nicht vorrangig dem geschichtlichen Wandel unterworfen. Das kirchliche bonum commune im Blick auf das Sakrament müßte wesentlich von der in ihm der Kirche geschenkten Heilsgabe bestimmt werden.

Der letzte und entscheidende Grund für die Unauflöslichkeit der Ehe aber ist ihre Sakramentalität. Sie darf nicht nach einem formal abstrakten Verständnis ausgelegt werden, sie ist mehr als Ritus, Zeichen oder verobjektivierte Gnade. Das Sakrament meint Gabe, Geschenk, Anruf; in ihm begegnet dem Empfänger Christus und nimmt ihn in Pflicht. Im besonderen wird im Ehesakrament die Liebe zweier Menschen verbindlich in die Liebesbegegnung Christi und der Kirche aufgenommen. Sie tritt damit unter einen hohen Anspruch. Durch das Sakrament wird eigentlich den Partnern erst bewußt und von ihnen ausdrücklich übernommen, was ihr Bund verborgener Weise schon immer enthält. „Denn unwiderruflich sind Gottes Gaben und Berufung" (Röm 11, 29. Vgl. Hebr 7, 21).

Auch die Annahme ist unwiderruflich; das empfangene Geschenk kann nicht zurückgegeben werden, die Berufung nicht vom Empfänger widerrufen werden. In der sakramentalen Gabe begegnet die Ehe den Partnern endgültig als bindende Wirklichkeit. Hier hat sie den tiefsten Grund ihrer Unauflöslichkeit. Von diesem Eheband, das nichts anderes ist als die sakramentale Gabe Gottes und ihre in freier Treuebindung vor der Öffentlichkeit der Kirche vollzogene Annahme, kann man unmöglich so reden, als sei es eine gewalttätige Gefangenschaft. Die Aussage also: „Ist das Eheband erst einmal um zwei Menschen geschlungen, dann wird es als so unzerreißbar betrachtet, als wäre es aus Stahl"[31], ist völlig unangemessen.

### *4. Die pastorale Aufgabe*

Das verpflichtende Herrengebot von der unauflöslichen Ehe stellt die Seelsorge vor eine nicht leicht zu nehmende Aufgabe. Zumal unter den heutigen Umständen. Es wird in der Diskussion um die Ehepastoral gern so gesprochen, als handle es sich einfach nur um eine mildere, verstehendere Praxis gegenüber den Geschiedenen und Wiederverheirateten.

Der Grenzfall des einzelnen, dessen Ehe zerstört wurde, soll das eigentliche und wichtigste Thema der Seelsorge in Hinsicht auf die Unauflöslichkeit der Ehe sein, beinahe als sei er schon das fast Normale. Man spricht dann von der

Belastung, die die Verrechtlichung des Herrengebots auferlegt habe. Das Gebot aber dürfe doch nur als „Zielgebot“ verstanden werden, es müsse, um angewendet werden zu können, nach den kulturellen und soziologischen Umständen einer Zeit erst ausgelegt werden. Man verweist auf die tragische Situation mancher Christen, die nach der Scheidung eine neue Ehe eingegangen sind und unter ihrer kirchlich ungelösten Lage leiden. Ihnen entgegenzukommen, verlangt man von der Kirche, deren erste Aufgabe das Erbarmen mit den Sündern sei.

Der erfahrene Seelsorger jedoch kennt viel mehr Fälle, wo Wiederverheiratete gar nicht nach der Erbarmung der Kirche verlangen, sondern, auch wenn sie offenkundig schuldhaft ihre Ehe scheiden ließen, sich ganz im Recht glauben und von der Kirche höchstens die Bestätigung ihres Rechtes erwarten. Das ist angesichts der allgemeinen Zeitanschauungen keineswegs verwunderlich. Was die Gesellschaft tut und für erlaubt hält, dient auch vielen Christen mehr zur Orientierung ihres Gewissens als die Weisung des Evangeliums.

Bedenkt man aber den schon genannten kollektiven Gewissensirrtum, der heute gerade in Sachen der Ehescheidung weit verbreitet ist, dann ergibt sich als erste, drängende Aufgabe zeitnaher Seelsorge die deutliche Verkündigung des Herrengebots, ob gelegen oder ungelegen. Die Kirche hat dieses Gebot ohne Abstriche und Auslegungskünste zu bewahren, sie hat es so zu verkünden, daß es als die große Einladung und Verpflichtung anerkannt und aufgenommen wird. Es geht dabei nicht um das Durchsetzen von Rechten, sondern um einen eminent pastoralen Dienst.

Wenn die Ehe Gottes Ordnung und der unauflösliche Bund des Sakraments besondere Heilsgabe Gottes sind, dann muß es die Sorge der Kirche sein, daß diese Ordnung verstanden und die Gabe geschätzt werden. An der unverfälschten Botschaft hängt das Heil des Menschen, sie kann ihrem Inhalt nach durch keine sich wandelnden Zeitanschauungen verändert oder erleichtert werden. Sie würde aber verfälscht, machte man aus ihr ein unerreichbares „ideales

Prinzip" und erklärte gleichzeitig, der Mensch stehe mit seinen konkreten Nöten über einem noch so idealen Prinzip[32].

Diese heute oft angewandte Auslegung macht den Menschen mit seinen Anliegen zum Maßstab ethischen Handelns und endet mit der Deutung des Willens Gottes nach menschlichen Wünschen. Gerade solcher Situationsethik gegenüber muß verantwortungsbewußte Pastoral der Unsicherheit und Verwirrung der Gewissen wehren und unerschüttert bei der Ordnung Gottes bleiben. Das hat in der allgemeinen Verkündigung über die Ehe zu geschehen und wird besonders bei der Ehevorbereitung deutlich werden müssen. Bestimmendes Motiv ist dabei keineswegs „die Stabilität der Gesellschaftsordnung", sondern die seelsorgliche Bemühung um die Gläubigen, die Sorge um das Heil[33]. Diese erste Aufgabe wird auch um des ganzen Volkes Gottes willen bei der seelsorglichen Behandlung der Geschiedenen und Wiederverheirateten nicht völlig außer Acht gelassen werden dürfen.

Sie wird ebenso in der rechtlichen Ausformung des Gottesgebots eine Rolle spielen. Daß die Kirche überhaupt legitimer-, ja notwendigerweise eine Rechtsordnung über die Ehe festlegt, wurde oben schon dargestellt. Gerade auch diese Rechtsordnung ist Teil der pastoralen Aufgabe der Kirche, sie hat ihren Sinn nicht einfach in der eigenständigen Geltung von Recht. Folgte man zur Anwendung und Auslegung der Rechtsordnung allein seiner immanenten, juristischen Rationalität, könnte das leicht ihr Wesen verfälschen und gefährden. Wenn heute öfter kirchliches Eherecht als seelsorglich bedenklich und belastend angesehen wird, kann dieser Vorwurf in formalistisch zugespitzten Ableitungen kanonistischer Urteile seinen verständlichen Grund haben. Es wäre aber umgekehrt eine wirkliche Vernachlässigung ihrer seelsorglichen Aufgabe, würde die Kirche auf eine rechtliche Eheordnung in ihrem Bereich verzichten, wie das heute mancherorts aus angeblich seelsorglichen Gründen vertreten wird[34]. Es werden dann pastorale Ehekommissionen empfohlen, ohne recht zu bedenken, wie leicht ihre psychologisch oder soziologisch begründeten

Urteile nur die menschliche Subjektivität vor den unbedingten Gotteswillen stellen würden.

Als grundlegendes Prinzip und Inhalt kann das kirchliche Recht gar nichts anderes als das Gottesgebot der unauflöslichen Ehe enthalten. Sicher wird das Gebot im Recht der Kirche seine konkrete Auslegung und nähere Anwendung erfahren müssen. Aber diese Entfaltung kann immer nur innerhalb der unaufgebbaren Grundforderung liegen und wird sie nicht antasten oder überschreiten dürfen. Hilfreich wird dabei die interpretierende apostolische Tradition sein, weil auch sie zu den verbindlichen Grundtatsachen kirchlichen Lebens gehört. Als solche wurde sie in der katholischen Überlieferung stets verstanden und angenommen.

Nur auf dieser bleibenden Grundlage werden dann empirische Gegebenheiten und geschichtlich gewordene Verhältnisse zu berücksichtigen sein, und nur bei diesen Anwendungen innerhalb der unantastbaren Grundordnung der Unauflöslichkeit kann man von ethisch-rechtlichen Prinzipien zweiter Ordnung sprechen. Bei der näheren Auslegung wird es sich z. B. darum handeln, genauer abzugrenzen, wie und unter welchen Bedingungen eine unauflösliche Ehe zustande kommt, welche Aufgaben und Pflichten sie auferlegt, aber auch wie zerbrochene Ehen zu beurteilen und zu behandeln sind. Zweifellos ist nach solchen Fragen das bestehende Eherecht zu überprüfen.

Wollte man aber, wie das heute da und dort vorgeschlagen wird, die sicher radikale Forderung des Evangeliums über die Unauflöslichkeit der Ehe selber der veränderten Zeitumstände wegen relativieren, stände man vor schwierigen, kaum lösbaren hermeneutischen und theologischen Fragen. Wenn R. Schnackenburg sie näher formuliert, scheint das viel eher eine Warnung als eine Aufforderung zu sein. Er sagt: „Ist die Auslegung der Urkirche – theologisch gesprochen, die interpretierende apostolische Tradition – für uns verbindlich, oder können wir den Willen Jesu anders und neu auslegen? Wie erkennen wir den ursprünglichen Willen Jesu? Dadurch, daß wir auf die ipsissima vox Jesu zurückgehen? Oder indem wir die Auslegung der Urkirche kritisch betrachten und von allem Zeitbedingten loszulösen trachten? Und welche Prinzipien haben wir, um die urkirchliche Botschaft auf unsere geschichtlich gewandelten, soziologisch anders strukturierten Verhältnisse anzuwenden und dem Verstehenshorizont heutiger Menschen anzupassen, ohne die anfordernde und herausfordernde Botschaft Jesu zu entkräften? Stellt sich der Wille des Schöpfers, auf den Jesus in der Scheidungsfrage zurückgreift, heute anders dar?"[35]

Wenn immer wieder die klare Forderung des Evangeliums als „ethisches Modell", als „Zielgebot" oder als „Verkündigungsideal" erleichternd ausgelegt wird, geht man über die vorgelegten Fragen sehr rasch und ohne ausreichende Antwort hinweg. Will aber doch zugleich die Unauflöslichkeit der Ehe als verbindliches Gebot festgehalten werden, so bleibt das ein leerer Verbalismus und reine Rhetorik. Es ist einfach die Quadratur des Kreises, wenn J. Blank fordert: „Worauf es ankäme, wäre die Vorstellung eines Ethos, das, ohne gesetzlich zu sein, doch zugleich verbindlich wäre." Es ist aber auch eine völlig einseitige Behauptung, die absolute Forderung des recht verstandenen Gottesgebots müsse nur zu absoluter „Leistung" und damit verbundener Unfreiheit führen[36].

Der pastoralen Sorge sind erst recht die tatsächlichen Ehen im Bestand ihrer Unauflöslichkeit anvertraut. Zur christlichen Verwirklichung der Ehe gehört nicht nur, daß der unauflösliche Bund seinem natürlichen und sakramentalen Wesen nach anerkannt und aufgenommen, sondern daß er auch durchgetragen und im Alltag des Lebens ständig neu bejaht wird. Die gelungene und erfüllte Ehe trägt und fördert den ganzen Menschen. Wie die Seelsorge sich schon zu allen Zeiten der Ehe und Familie besonders angenommen hat, wird sie heute erst recht nach zeitgemäßen Wegen suchen müssen, um das Zeugnis christlicher Ehe und ehelicher Treue deutlich werden zu lassen.

Die auszutragende Spannung kann aber auch zu schweren Krisen führen. Nicht zuletzt kann die Verpflichtung der endgültigen Treuebindung Ansatz einer Krise werden. Wo der religiöse Gehalt des Sakraments nicht mehr gläubig erfaßt wird, wo das verpflichtende Gebot als unmenschliche Forderung betrachtet wird, wo auch der kirchliche Eheabschluß mehr als ein Stück Folklore gesucht wird, wo die Standards der öffentlichen Meinung der Freizügigkeit allen Vorschub leisten, wird die Unauflöslichkeit der Ehe als Forderung weithin nicht mehr verstanden. Ungenügende Zurüstung, leichtfertiges Eingehen einer Ehe, menschliches Versagen, geringe seelische Leistungskraft, fehlende menschliche Hilfe oder begangene Schuld führen heute immer häufiger zum Zerbrechen von Ehen. Scheidung und Wiederverheiratung Geschiedener sind auch in den christlichen Gemeinden keine ungewöhnlichen Vorkommnisse mehr. Oft handelt es sich dabei um Menschen, die keineswegs mit der Kirche brechen wollen; sie suchen nur in der Ausweglosigkeit ihrer menschlichen Situation eine ihnen möglich scheinende Lösung.

Die Kirche, der die Sorge um die Ratlosen, Zerbrochenen und Sünder vor allem aufgetragen ist, muß sich der in ihrem Leben so Gescheiterten besonders annehmen und ihnen die Botschaft der erbarmenden Liebe Gottes verkünden, auch wenn sie ihnen die Last nicht einfach abnehmen kann. Sie muß ihnen einen gangbaren Weg zeigen und einen Platz in der versammelten Gemeinde offen halten. Das Neue Testament und die Zeugnisse der Väter zeigen, daß sich auch die frühe Kirche dieser Aufgabe gegenübersah und sie für ihre Verhältnisse zu lösen versuchte. So notwendig rechtliche Klärungen nach der kirchlichen Ordnung in solchen Fällen sind, sie werden die menschliche Not und innere Verworrenheit nicht einfach beheben. Noch weniger kommt man ihr mit kirchlichen Strafen bei. Erst recht aber dient vieles, was von selbstsicheren und voreiligen Ärzten empfohlen wird, nicht wirklich zur Hilfe.

Es ist keine Lösung, würde man das Schicksal gescheiterter Ehen, wie es im Zuge der modernen moralischen Autonomie gern geschieht, einfach dem privaten Gewissensentscheid der Partner überlassen. So wird ja meist die Auskunft verstanden, die unauflösliche Ehe sei nicht Erfüllungs-, sondern ideales Zielgebot, ihre Wirklichkeit besitze sie ausschließlich im persönlichen Treuewillen der Partner, nicht aber in einem verpflichtenden, unlöslichen Band. Dabei wird übergangen, daß ein waches Gewissen selber nach objektiver Weisung verlangt und daß die Ehe ihrem Wesen nach der individuellen Entscheidung vorgegebene Ordnung ist und als solche von den Partnern übernommen wird.

Auch der Rückgriff auf die biblischen Aussagen über die Ehe allein führt nicht weiter. Die in Frage kommenden Texte nämlich sind im einzelnen in der Auslegung umstritten und geben auf heutige Anliegen keine direkte Auskunft. Ihre vielfach keimhaften Aussagen können erst im Licht der kirchlichen Überlieferung ausgelegt werden; es wäre gegen katholisches Glaubensverständnis, an dieser Überlieferung vorbei biblisch völlig freizügig einsetzen zu wollen. Der oft versuchte Verweis auf die Eheordnung der anderen Kirchen hilft ebenfalls nicht zu sachgerechten pastoralen Regeln. Mögen sie manche fruchtbare Anregung bieten, im letzten verweisen auch sie auf den nicht zu lösenden Zwiespalt zwischen dem verpflichtenden Herrengebot und dem menschlichen Versagen vor seinem Anruf.

Ohne also die Ordnung Gottes zu erweichen und das heilige Recht Gottes anzutasten, ist es pastorale Aufgabe der Kirche, die Hartherzigkeit des Menschen, die Grenze aller Gerechtigkeit und die Botschaft von der Erbarmung Gottes zugleich zu bedenken und in Einklang zu bringen. Die Zuordnung von Evangelium und Gesetz muß das pastorale Handeln der Kirche leiten, denn „sie ist nicht schon Kirche des Evangeliums, weil und wenn sie Kirche des Gesetzes ist, sondern sie ist immer nur so Kirche auch des Gesetzes, weil und wenn sie Kirche des Evangeliums ist“[37].

### 5. *Überprüfung kirchenrechtlicher Bestimmungen*

Die Seelsorge an zerrütteten Ehen und an Wiederverheirateten hat sich bisher hauptsächlich leiten lassen von der Anwendung kirchenrechtlicher Bestimmungen. Die Ehe hat, wie wir feststellten, zweifellos eine rechtliche Gestalt. Die Kirche ist also verpflichtet, eine rechtliche Ordnung für die sakramentale Ehe zu erstellen, und rechtliche Urteile über Abschluß und Bestand einer Ehe sind notwendig. Aber dem Rechtsdenken eignet eine innere Gesetzlichkeit, deren Anwendung leicht einseitig wird. Es reicht für die Seelsorge keineswegs aus, kann ihr unter Umständen sogar Schaden zufügen.

Das Recht verlangt klare Abgrenzungen und Urteile; sie können manchmal nur erreicht werden durch sehr subtile, auf formalen Prinzipien gründende Entscheidungen. Diese mögen logisch richtig sein und überzeugen wegen ihres Formalismus doch nicht. Man braucht nur an bestimmte Anwendungen des sogenannten Privilegium Petrinum oder an gewisse Urteile über den Nichtvollzug einer Ehe zu denken. Das Recht bedarf zu seinem Urteil feststellbarer, äußerlich bestimmbarer Fakten. Es nimmt dabei auf die oft so komplexen psychologischen oder soziologischen Voraussetzungen wenig Rücksicht. Oder wenn solche Ursachen berücksichtigt werden, kann es meist nur durch willkürlich scheinende Dehnung von Begriffen oder sehr künstliche Argumentationsketten geschehen. So kann etwa wegen eines einfachen Formfehlers ein Ehepartner rechtlich aus der sittlich vorliegenden Verpflichtung einer tatsächlichen Ehe entlassen werden. Oder es werden Ehen formal als gültig anerkannt, deren Entstehen aus inneren Gründen sehr zweifelhaft ist.

Es ist sicher nicht richtig, die kanonistische Behandlung der Ehe nach den zugespitzten Entscheidungen in Grenzfällen zu beurteilen und solche als Anklage zu sammeln. Aber es ist schon sehr verständlich, wenn in den letzten Jahren in vielen Stimmen die Unzufriedenheit über die einseitige Verrechtlichung der Ehepastoral sich meldete. Es sind gerade auch Kanonisten selber, die die Grenze des juristischen Urteilens in diesen Fragen feststellen[36].

Durch eine Ausweitung der potestas vicaria der Kirche, die manche in Erwägung ziehen, wäre der Seelsorge nicht gedient. A. Gommenginger hat z. B. bemerkt, daß weder Schrift noch Tradition oder unfehlbares Lehramt die Ausdehnung der stellvertretenden Gewalt der Kirche auf die sakramentalen Ehen ausschließen, und daran zugespitzt die Frage geknüpft: „Kann vielleicht die Kirche alle Ehen auflösen, aber weiß sie es noch nicht?“[39] Schon zur Begründung der Frage müßte man allerdings sagen, daß auch ohne unfehlbare Entscheidung die beständige Lehrtradition der Kirche ganz offenkundig die vollzogene sakramentale Ehe der potestas vicaria absolut entzogen sah. Eine so unveränderte Lehrtradition hat Gewicht genug. Die plötzliche Ausdehnung der kirchlichen Gewalt aber hätte notwendig den Anschein positivistischer Willkürlichkeit. Eher wäre sogar eine Überprüfung der bisherigen Anwendung dieser Gewalt anzuraten; die Sorge von Georg May ist hier durchaus berechtigt[40].

Wohl aber hat die Pastoraltheologie aus ihrer Erfahrung bestimmte Wünsche, die zu einer Überprüfung und Klärung kirchenrechtlicher Bestimmungen und Verfahrensweisen führen sollten.

a) Aus der inneren Einheit von Ehebund und Sakrament leitet der CJC als Folgerung ab, daß jede gültige Ehe unter Getauften notwendigerweise Sakrament sein muß (CJC 1012 § 2). Die gesetzliche Festlegung hat die schwer verständliche Folge, daß z. B. Menschen, die das Ehesakrament weder kennen noch spenden oder empfangen wollen, sakramental gebunden sind (nicht katholische Christen) oder, ohne es zu ahnen, in ungültiger Ehe leben (zufällig katholisch Getaufte ohne katholische Erziehung). Mit Recht wird deshalb die Frage gestellt, ob das pure Faktum der Taufe als entscheidende Voraussetzung für den Abschluß einer gültigen Ehe genügen könne[41].

Eine Klärung der Bestimmung des Can. 1012 ist in zweifacher Hinsicht notwendig; zu fragen ist nämlich, welches Gewicht ihm in der kirchlichen Lehre zukommt und welche Intention für den Spender des Sakraments zu fordern ist. In amtlichen Verlautbarungen begegnet die ausdrückliche Aussage, jede Ehe von Getauften sei sakramental, seit dem 19. Jahrhundert. Negativ ist sie im Syllabus Pius' IX. enthalten, positiv in den Enzykliken „Arcanum divinae sapientiae“ Leos XIII. und „Casti connubii“ Pius' XI., hier als Zitat aus dem CJC[42]. Sie hat ihren Ort offenkundig in der Diskussion um die in jener Zeit aufkommende obligatorische Zivilehe. Dieser gegenüber soll in erster Linie abgewehrt werden, daß das Sakrament etwa nur als zusätzlicher Ritus verstanden wird, und soll die innere Einheit von Sakrament und natürlichem Ehebund betont werden. Es geht aber nicht darum festzustellen, ob und welchen geistlichen Inhalt die nur „weltlich" geschlossene Ehe haben könnte.

Die zur Spendung eines Sakraments notwendige Intention ist schon seit dem Mittelalter umstritten, die Diskussion in Hinsicht auf das Ehesakrament wurde nach dem Trienter Konzil heftig geführt. Auch wenn jeder natürliche Ehebund zwischen Mann und Frau schon die Liebe des Herrn zu seiner Gemeinde ausdrücken darf, muß er, um sakramental zu sein, doch als solcher ausdrücklich übernommen, muß das Sakrament ausdrücklich gespendet werden. Das Konzil von Trient verlangt als notwendige Intention die Absicht, „zu tun, was die Kirche tut" (DS 1611). Es wird fraglich sein, ob gerade beim Ehesakrament die rein äußere Intention, die nur einfach den kirchlich vorgeschriebenen Ritus vollziehen will, genügen kann.

Karl Rahner hat daran erinnert, daß die verschiedene Tiefe und Dichte der Intention, die zu sittlich gutem Handeln jeweils zu fordern ist, noch gar nicht genauer bedacht und entfaltet wurde[43]. Es besteht ja bei diesem Sakrament die besondere Schwierigkeit, daß das zu seiner Erteilung nötige Wort ganz einfach das natürliche Wort der liebenden Bejahung ist. Sein Vollzugs- und Verkündigungscharakter ist infolge der besonderen Gestalt dieses Sakraments völlig verborgen und wird nicht ohne weiteres als solcher verstanden.

Aber auch wenn man sich mit der äußeren Intention zufrieden geben wollte, müßte in ihr doch offenkundig wie der Wille zur Unauflöslichkeit des Bundes und zum Kind der Bezug des Tuns zur Kirche, wenn auch in nicht näher bestimmter Form, ausdrücklich aufgenommen sein. Wenn dies nicht geschieht oder abgelehnt wird, kann das Sakrament doch kaum zustande kommen. Dann aber könnte es auch unter Christen unter Umständen eine rein natürliche, nicht sakramentale Ehe geben, wobei zunächst offen bleibt, ob das ohne oder, wegen Verachtung des Sakraments, mit Schuld geschähe. In diesem Fall müßten vom kirchlichen Recht der Ort und die Bedeutung einer solchen nichtsakramentalen Ehe ebenso genau definiert werden, wie neu bestimmt werden müßte, in welcher Form eine sakramentale Ehe geschlossen werden müßte.

b) Zur Sorge der Kirche um die Ehe gehört es, die Ehefähigkeit der Partner zu prüfen. Dem dienen die vom kirchlichen Recht aufgestellten Ehehindernisse. Sie dürfen das natürliche Recht auf Ehe nicht ungebührlich einschränken, müssen aber klare Schranken setzen, wo die unbedingt notwendigen Voraussetzungen nicht gegeben sind. Der überlieferte Katalog der Hindernisse stammt aus überholten Verhältnissen und entspricht keineswegs dem gewandelten, personalen Verständnis der Ehe.

Furcht und Zwang oder Irrtum in der Person und ihren Eigenschaften werden heute von ganz anderen Tatsachen her bestimmt werden müssen, als die überlieferte Auslegung dieser Begriffe angibt. Die Psychologie hat uns innere seelische Zwänge erkennen lassen, die die Freiheit einer Entscheidung viel mehr aufheben als äußere, gewaltsame Nötigung. Das Verschweigen einer unheilbaren Krankheit oder eines verübten Verbrechens führt zu einem schwereren Irrtum über die Person als ihre nicht erfahrene soziale Lage. Wir wissen heute, daß es außer der physischen auch die psychische Impotenz gibt. Seelische Anomalien wie Homosexualität oder Nymphomanie machen ebenfalls zur Ehe unfähig. Zur Eheschließung gehört selbstverständlich die erforderliche Urteilsfähigkeit. Wo diese durch psychische Erkrankung oder infolge mangelnder seelischer Reife nicht vorhanden ist, kann eine wirkliche Ehe nicht zustande kommen[44]. Die geistige Ehemündigkeit ist gerade heute häufiger in Frage gestellt. Die verlangsamte personale Reife vieler Jugendlicher läßt die Entscheidung für die ganzheitliche Bindung der Ehe fraglich werden. Ebenso erschweren sicher die in der allgemeinen Meinung umgehenden Auffassungen über die Ehe und die allgemein gelockerten Sitten eine klare Erkenntnis des Wesens und der Eigenschaften einer christlichen Ehe.

Deshalb ist ernstlich zu fragen, ob das in den can. 1081 ff. über den Ehewillen Gesagte nicht zu formal und ungenügend ist und ob der echte Ehewille dort nicht zu unbedacht vorausgesetzt wird. Es scheint dringend erforderlich, daß der für das Sakrament erforderliche Ehewille inhaltlich deutlicher gefaßt und die Ehefähigkeit sachgemäßer abgegrenzt werden.

c) Die gültige Eheschließungsform ist von der Kirche rechtlich festgelegt und verpflichtend. Aus dem sakramentalen Charakter der Ehe ergeben sich Recht und Pflicht der Kirche, solche verbindlichen Festlegungen zu treffen.

Sie dienen nicht nur, wie Robert Gall meint, als Druckmittel oder Kontrollfunktion. Er meint sogar: „Aus der Sakramentalität der Ehe läßt sich weder die kirchliche Traufeier noch die Assistenz des Priesters begründen. Und die Öffentlichkeit der Ehe wird heute schon durch die obligatorische Zivilehe und die standesamtliche Registrierung sichergestellt“[45]. Gerade ihr sakramentaler Charakter aber verlangt die kirchliche Form des Eheabschlusses, die Bestätigung des Bundes durch die Öffentlichkeit der Gemeinde in ihren offiziellen Vertretern. Diese Öffentlichkeit kann nicht durch die bürgerliche ersetzt werden, weil es in ihr um mehr als eine zivile Anerkennung und Registrierung geht, schon gar nicht mehr bei der heutigen Trennung von Kirche und Staat und bei den heute mit der zivilen Trauung verbundenen durchschnittlichen Vorstellungen von Sinn und Auftrag der Ehe.

Wohl aber hat Robert Gall mit manchen Einwänden gegen die heutigen Bestimmungen der Eheschließungsform nicht so unrecht. Tatsächlich sind sie allein geprägt vom an sich verständlichen Streben nach Rechtssicherheit und versuchen, den gültigen sakramentalen Eheabschluß in einem rechtlich genau faßbaren Akt zu fixieren.

Dann aber zeigt sich, daß der seit dem Mittelalter bestehende Konflikt, ob die Ehe durch den Konsens oder die Kopula endgültige Ehe werde, doch noch nicht ausgetragen ist. Latent ist der Gegensatz in den im Grunde widersprüchlichen Aussagen des Codex selber enthalten. Der eheliche Bund ist Sakrament (can. 1012) und wird durch den öffentlichen Konsens der rechtsfähigen Partner erstellt (can. 1081). Und trotzdem ist diese gültige sakramentale Ehe durch die Kirche wieder auflösbar, wenn sie nicht vollzogen ist (can. 1119).

Von der Theologie des Sakraments her ist es durchaus sinnvoll und berechtigt, die volle Hingabe als endgültigen Vollzug des Sakraments zu betrachten. Dann gerade kommt das volle Ineinander von natürlichem Bund der Liebe und Sakrament zum Ausdruck. Nur müßte diese Feststellung auch in den Rechtsbestimmungen zur Geltung kommen. Eine unauflösliche sakramentale Ehe, die dann doch wieder aufgelöst werden kann, ist ein Widerspruch, der ständig zu erweiternden Einwänden reizt.

Es ist sicher schwierig – die kirchliche Rechtspraxis erweist es –, den Vollzug der Ehe rechtskräftig festzustellen. Diese Feststellung kann und soll auch nicht durch peinliche Untersuchungen erwiesen werden. Ebenso sollte es keiner ausdrücklichen Anmerkung bedürfen, daß der rechtlich verbindliche vollziehende Akt ein wirklicher actus humanus und als solcher ein Akt totaler Hingabe sein müßte. Genauer zu bestimmen wäre also, was das Zueinander von Konsens und Kopula für die Erstellung der sakramentalen Ehe endgültig bedeutet und wie es sich im kirchlichen Recht widerspruchslos darstellen muß.

d) Das kirchliche Recht begegnet zerrütteten Ehen in seinem Prozeßrecht. Daß es in seiner gegenwärtigen Verfahrensordnung nicht genügt, zeigen die Klagen, die dagegen erhoben, und die Vorschläge zu seiner Reform, die gemacht worden sind. Seelsorglich wichtige Wünsche sind, daß die Prozesse rascher ablaufen sollten, daß das Beweisverfahren vereinfacht werden müßte und daß nicht zu starr das gültige Bestehen des Ehebandes präsumiert werden dürfte.

Gewiß geht es um die Heiligkeit der Ehe und ihre grundsätzliche Unauflöslichkeit. Doch darf man nicht übersehen, daß die zu erhebenden Tatsachen für Beteiligte und Zeugen meist schon im ehemaligen Vollzug nicht umfänglich formuliert und dargestellt waren, daß sie jetzt nur umrißhaft reflektiert und nur schwer in ein exaktes Urteil gefaßt werden können. Es müßte deshalb ermöglicht werden, daß bei sehr gewichtigen Gründen und großer Wahrscheinlichkeit auch ohne moralische Sicherheit auf die Nichtigkeit einer Ehe erkannt werden könnte. Dabei dürfte, auch wenn es um ein Tatsachenurteil geht, die allgemeine menschliche Begrenztheit in der Wahrheitsfindung in Rechnung zu stellen sein. Große Wahrscheinlichkeit ist oft ihre äußerste, mit Anstrengung zu erreichende Grenze.

Der Vorschlag von Johannes Günter Gerhartz, fachkundige Beratungsgremien einzusetzen, die den Betroffenen zu einer rechten Entscheidung helfen, ist sehr erwägenswert[46]. Daß diese Gremien aber die Funktion der Ehegerichte ablösen könnten, erscheint zweifelhaft. Sie hätten die Aufgabe menschlicher Beratung und Hilfe und übernähmen damit einen bisher nicht geleisteten Dienst. Doch bliebe nach wie vor zumal für die Betroffenen das Urteil wichtig, welche Bedeutung für sie und ihren künftigen Weg die zerbrochene Ehe hat. Der Spruch einer kirchlichen Instanz allein könnte diese Auskunft geben.

### *6. Die Hilfe der Buße*

In jeder Zerrüttung einer Ehe steckt ein Stück menschlicher Schuld. Der gläubige Christ weiß, daß Schuld vor Gott getragen und in der Buße aufgearbeitet werden muß. Er wäre nie zufrieden mit billigen Auskünften wie: Die Zeit hat die Bindung zerstört, oder unsere Bindung war nicht tief genug, um eine erfüllte Ehe zu leben, oder unsere Liebe ist eben gestorben.

Zur rechten Buße zu helfen, wird eine wichtige Aufgabe der Seelsorge an Menschen sein, die in der Ehe gescheitert sind. Sie ist mit einfühlender Behutsamkeit zu leisten; ihr Ziel ist, zur inneren Ordnung und zum Frieden mit Gott, aber auch zu Versöhnung und Vergebung zu führen. Daß einer sich diesen Dienst leisten läßt, wird Kriterium für den Ernst und die Ehrlichkeit seiner Haltung sein. Schon die alte Kirche, und nicht anders noch heute die Ostkirche, forderte von den an ihrer Ehe Gescheiterten und Wiederverheirateten Buße. Buße meint nicht Bestrafung oder disqualifizierende Verurteilung. Sie verlangt allerdings, daß einer sich nicht selbst bemitleidend einfach frei spricht oder andere verbittert anklagt, sondern daß er sein eigenes Versagen redlich erkennt und eingesteht. Der Christ kann diese Aufgabe nicht leicht nehmen, sie ist auch die Voraussetzung für den weiteren Weg in der Gemeinde.

Der Büßende wird zunächst erkennen, daß die Zerstörung einer Ehe von beiden Partnern zu verantworten ist. Er wird nicht eigene Unschuld gegen die Schuld des andern setzen oder Schuld gegen Schuld aufrechnen dürfen. Solche Schuld kann viele Formen haben; es brauchen nicht feststellbare Taten sein, auch Schweigen, Sich-zurückziehen, Allein-lassen, Gleichgültigkeit oder erkaltete Liebe zerstören die innere Verbundenheit. Die Erkenntnis gemeinsamer Schuld weckt eher den Willen zu verstehen und zu verzeihen; sie wird unter Umständen ehrliche Bemühungen unternehmen, sich wieder zu finden. Es ist mit Recht schon getadelt worden, daß in den kanonischen Bestimmungen des CJC über die Trennung von Tisch und Bett zu selbstverständlich vom schuldigen bzw. unschuldigen Teil gesprochen und zu wenig auf die Pflicht des Vergebens verwiesen wird. Es entspricht kaum der sittlichen Forderung des Neuen Testaments, wenn dem unschuldigen Teil zugegeben wird, er sei in keiner Weise verpflichtet, seinen schuldig gewordenen Partner wieder in die Lebensgemeinschaft aufzunehmen (can. 1130). Dem Büßenden erst wird der besondere Charakter seiner Schuld bei der Zerstörung der Ehe aufgehen. Es wird ihm deutlich, daß er sich nicht nur gegen den nächsten Menschen vergangen, sondern daß er ein Angebot Gottes abgewiesen, einen Anruf besonderer Liebe mißachtet hat.

Schließlich wird die Buße vollends an den Tag bringen, daß die sakramentale Ehe nicht auflösbar ist und auch den Gescheiterten weiterhin nicht entlassen wird. Deshalb sollten ja auch in der Krise einer Scheidung alle Anstrengungen unternommen werden, eine gefährdete Ehe zu erhalten. Auch über die Zerstörung einer Ehe und selbst über die Scheidung hinaus nämlich bleibt eine gegenseitige Verantwortung der ehemaligen Partner. „Es wird meistenteils viel zu wenig beachtet, daß auch die geschiedene Ehe ein Stück fortwirkender Lebensgeschichte der Partner bleibt", sagt Erwin Wilkens[47].

Ja, es bleibt mehr als die gemeinsame menschliche Geschichte und Verbundenheit, es bleibt die sakramentale Bindung im nicht zurückgenommenen Anruf Gottes. Nach der Verweigerung ist es nicht mehr der verheißende, sondern der widersprochene und abgelehnte Anruf. Er besteht weiter als bleibender Vorwurf. Dem weiteren Leben des Geschiedenen und gar Wiederverheirateten haftet die Widersprüchlichkeit zur ursprünglichen Berufung an. Denis O'Callaghan zitiert in diesem Zusammenhang das strenge Wort Augustins über das Band der Ehe. „Es bleibt bestehen, um die Schuld des schweren Vergehens zu vergrößern, nicht um das Band des Ehebundes zu stärken, geradeso wie ein Apostat, der seiner Übergabe an Christus untreu wird, auch nach dem Verlust des Glaubens das sakramentale Merkmal des Glaubens, das er bei der Taufe empfangen hat, nicht verliert"[48].

Nach Zeit und Form wird die Buße verschieden sein. Die frühe Kirche schon kannte dafür den zeitweiligen Ausschluß von der sakramentalen Gemeinschaft. Weil die Zerstörung einer vor der Kirche geschlossenen Ehe auch die Gemeinde schmerzlich trifft, ist der Ausschluß sinnvoll. Er muß allerdings vom ernsthaften Gebet der Gemeinde begleitet sein und darf der Gemeinde nicht Anlaß zur Selbstgerechtigkeit werden. Basilius nennt ihn einen übernommenen Brauch und zeigt zugleich die Weise seiner Übung. „Man soll sie jedoch nicht gänzlich von der Kirche ausschließen, vielmehr ihnen zwei bis drei Jahre nur das Zuhören gestatten und hernach ihnen erlauben, zusammenzustehen (mit den büßenden Gläubigen), ohne aber am gemeinschaftlichen Gute teilzunehmen. Zeigen sie dann eine Frucht der Buße, so soll man sie wieder in ihre Stellung in der Gemeinschaft einsetzen"[49].

Neben dem zeitweiligen Verzicht auf die volle Sakramentsgemeinschaft werden die Last der Einsamkeit und der Schmerz über das Erlebte und Erfahrene, recht getragen, eine besonders eindringliche Form der Buße sein. So wichtig allerdings der Weg der Buße ist und so gewiß sie sich einem an seiner Ehe Gescheiterten auch später immer wieder nahe legen mag, die Vergebung ist ihr verheißen und bleibt erstrebtes Ziel.

### 7. *Seelsorge an Geschiedenen und Wiederverheirateten*

Es ist eine selbstverständliche Aufgabe verantwortungsbewußter Seelsorge, sich der an ihrer Ehe Gescheiterten anzunehmen. Sie wird gerade solche Glieder der Gemeinde von innerer Verbitterung und religiöser Entfremdung zu bewahren trachten, wird ihnen das Vertrauen zu Gottes Führung und einen lebendigen Glauben erhalten helfen und zu verhüten suchen, daß sie sich der Gemeinde gegenüber verschließen. Auch wird es ihr ein Anliegen sein, daß solche Menschen nicht durch vorschnelle, ungerechte Urteile verletzt und abseits gedrängt werden. Sie als notorisch öffentliche Sünder oder eine Ehe Geschiedener einfach als Konkubinat zu betrachten, ist lieblos und leichtfertig.

Solange die Ehe früher noch weniger ausschließlich von der individuellen Lebenserfüllung bewertet wurde und für ihren unlösbaren Bestand in der ganzen gesellschaftlichen Auffassung eine starke Stütze besaß, ergab sich in dieser Hinsicht kein so drängendes Problem der Seelsorge. Es verwundert deshalb nicht, daß sie sich damals meist mit der Anwendung kirchlicher Rechtssatzungen begnügte. Heute ist die Lage völlig verändert; die Sorge um die gefährdeten oder zerbrochenen Ehen ist ein wichtiges pastorales Problem geworden, das in aller Öffentlichkeit verhandelt wird.

Es geht nicht nur darum, ob und wie der einzelne eine so bittere Lebenserfahrung zu bewältigen versteht. Darüber hinaus drängt die Frage, ob ein Geschiedener sich wieder verheiraten oder ob er als Wiederverheirateter noch einen Platz in der Gemeinde einnehmen kann, wie seine zweite Ehe sittlich beurteilt werden muß und ob ihm der Zugang zu den Sakramenten offen bleiben darf. Mit Recht wird es für bedenklich gehalten, daß sich in der Behandlung dieser Fälle allmählich eine verwirrende Praxis eingebürgert hat, und der dringende Wunsch erhoben, es möchten einheitliche Grundsätze festgelegt werden. Tatsächlich kann ja die seelsorgliche Ordnung in einer so wichtigen Sache nicht einfach dem privaten, engeren oder weiteren Urteil des einzelnen Seelsorgers allein überlassen bleiben. Auch vor solchen Grundsätzen wird gewiß noch jede Lebensgeschichte einmalig sein, wird aus der Besonderheit ihrer Lage bewertet und mit einer Auskunft versehen werden müssen. Gerade hier wird die seelsorgliche Betreuung ihren individuellen Charakter erweisen, ohne die grundlegende Ordnung Gottes zu verletzen.

Mit fragwürdigen, ungenügend bedachten Formeln ist wirklich nicht geholfen. Eine solche wäre etwa die oben zitierte fragende Feststellung: „Kann vielleicht die Kirche alle Ehen auflösen, aber weiß sie es noch nicht?“[50] Eine solche Formel wäre es auch, die endgültige Verstoßung des Partners und die innere Unmöglichkeit, das eheliche Leben wieder aufzunehmen, einfach „moralisch dem Todesfall des andern“ gleichzusetzen[51] oder eine geschiedene Ehe, die nicht mehr Zeichen wirklicher Liebe ist, als „realitätslose Abstraktion“ zu bezeichnen[52].

Rasch und unbekümmert mag von alter Moral, Legalismus oder starren, abstrakten Prinzipien geredet werden, wie das heute vielfach im Schwange ist. Man stellt dann eine Ethik des konkreten Menschen und ihre geschichtlich notwendige Weiterentwicklung entgegen. Aber für die der Seelsorge gestellte Aufgabe an gefährdeten oder zerrütteten Ehen ist mit diesen Ratschlägen kein gültiger Weg gewiesen. Sie hat nämlich das Gottesgebot von der unauflöslichen Ehe ebenso unumstößlich festzuhalten, wie sie sich der persönlichen Not des einzelnen intensiv annehmen muß. Bei allem guten Willen darf Schuld nicht in Recht umgedeutet werden, können schmerzliche Verwundung und die Tragik eines Lebensgeschicks nicht ungeschehen gemacht werden, bleibt die aufgegebene Last durchzutragen, ohne daß man ihr eigenwillig entflieht.

Aufgabe der Seelsorge muß es sein, solche Menschen verstehend und teilnehmend zu begleiten, sie zu beraten und ihnen zur Klärung zu helfen, dies alles zugleich unter der verbindlichen Forderung Gottes, die nicht verschwiegen werden darf. Ist eine Ehe in Gefahr oder gar schon zerrüttet, muß das erste Anliegen der ernste Versuch sein, ihren Bestand zu sichern oder wiederherzustellen. Persönliches Versagen muß erkannt und eingestanden werden, Mißverständnisse müssen ausgeräumt und vor allem muß dem Partner ehrlich verziehen werden. Die ernsthafte Besinnung auf die Gabe des Sakramentes wird gläubigen Menschen eine notwendige Hilfe sein. Der Seelsorger wird das gewiß oft schwierige Gespräch mit den Partnern einzeln und gemeinsam zu führen trachten.

Wo eine Ehe unheilbar und endgültig zerstört ist, finden sich die ehemaligen Partner besonderer Schwierigkeit und Gefährdung ausgesetzt. Es ist schon ein Zugeständnis an die sündhafte Schwäche und Herzenshärte des Menschen, wenn die Kirche in solchen Fällen die Trennung von Tisch und Bett gestattet. Ohne die Schuld an der zerstörten Ehe zu übersehen, wird damit versucht, angefochtenen und in Not geratenen Menschen einen Ausweg zu ermöglichen.

Es liegt allerdings in der Natur der Sache, daß diese Lösung nur unvollkommen ist. Sie stellt den durchschnittlichen Menschen vor hohe Forderungen und verlangt eine Lebensform, die zumal unter der heutigen Mentalität oft nicht verstanden wird und nicht leicht zu verwirklichen ist. Das gilt erst recht für den äußerst möglichen Grenzfall eines gestatteten Zusammenlebens ohne eheliche Gemeinschaft, also auf das Versprechen hin, wie Bruder und Schwester beisammen zu sein. Die ständige familiäre Nähe drängt ganz natürlich zu liebender Begegnung, die dann fast notwendig zur Sünde führt. Der Alleinstehende aber findet sich vielmals gesellschaftlich ausgeschlossen, in den Arbeitsverhältnissen oder auch der Freizeit mancherlei Versuchungen ausgesetzt, ja sogar diskriminiert.

Um so mehr muß denen Respekt erwiesen werden, die die auferlegte schmerzliche Einsamkeit tapfer auf sich nehmen. Sie nehmen das Gebot des Herrn ganz ernst und stellen sich willentlich unter seine schwere Forderung. Lieber wollen sie nach dem Wort des Herrn verstümmelt oder einäugig ins Leben eingehen als ihrer Berufung untreu werden. Wenn heute oft so getan wird, als sei es eine beinahe unausweichliche Notwendigkeit, daß Geschiedene wieder heiraten müßten, kann auf dieses ernste und großmütige Zeugnis für die Forderung des Evangeliums nicht deutlich genug hingewiesen werden.

Innere Voraussetzung muß dabei sein, daß der Geschiedene die Verantwortung für seine Ehe und den Partner bewußt weiterträgt, sich um Aussöhnung ehrlich bemüht hat und, auch nachdem sie gescheitert ist, nicht einfach nur den andern Teil schuldig spricht. Wo ein Christ in dieser Lage die Einsamkeit übernimmt, verdient er jede Unterstützung. Er wird leicht in der caritativen Arbeit oder im Apostolat der Gemeinde einen Platz finden, um im Dienst an andern sich leichter zu vergessen und seine eigene Erfahrung für andere fruchtbar zu machen.

Vielen gilt allerdings der von der Kirche gewiesene Weg als ungenügend und unzumutbar. Der heutige Mensch glaubt, ein unbeschränktes natürliches Recht auf die Ehe zu haben, das ihm unbekümmert um alle Vorentscheidungen und schon bestehende Bindungen erfüllt werden müsse. Er kann erst recht nicht verstehen, daß er nach kirchlicher Auffassung das Schicksal der Ehelosigkeit, mit dem er nicht fertig werden kann, sein Leben lang auf sich nehmen soll. Eine Weisung dieser Art kommt ihm unnatürlich vor. Oft bedrängen einen Geschiedenen auch äußere Verhältnisse, die er allein nicht lösen zu können glaubt. Kommen schließlich noch religiöse Gleichgültigkeit und die aufdringliche öffentliche Meinung über die selbstverständlich erlaubte Ehescheidung hinzu. Die meisten an ihrer Ehe Gescheiterten, zumal jüngere Menschen, sind also der Ansicht, durchaus im Recht zu sein, wenn sie sich wieder verheiraten, und gehen oft guten Gewissens eine neue Bindung ein. Sie möchten auch keineswegs mit der Kirche brechen, suchen sogar öfter, durch ihr Schicksal gereift, den Anschluß an das religiöse Leben neu.

Die äußere und innere Situation der nach einer Scheidung Wiederverheirateten ist sehr verschieden. Es finden sich unter ihnen solche, die auf Grund objektiver Beweise oder aus gewissenhafter persönlicher Überzeugung ihre erste Ehe für nicht gültig halten. Sie sind völlig bona fide, versuchen, ihre Ehe christlich zu führen, und glauben sich durchaus im Recht. Manchen wird gerade durch die zweite geglückte Bindung einsichtig, daß die erste Begegnung keine wirkliche Ehegemeinschaft war.

Andere, ihrer Sache keineswegs so sicher, geraten aus Schwäche, Enttäuschung und Gleichgültigkeit in eine unüberwindliche Zwangslage oder in eine Pflichtenkollision. Sie erkennen vielleicht das begangene Unrecht und sehen auch die Verpflichtung zur Wiedergutmachung, die sie eigentlich schuldig wären, ein. Sie sind aber inzwischen neue Bindungen eingegangen, die kaum mehr zu lösen sind, ja deren Lösung nicht einfach mehr zu rechtfertigen wäre, wenn zum Beispiel aus einer neuen Ehe Kinder hervorgegangen sind. Es gibt weiterhin Wiederverheiratete, die deutlich wissen, daß sie aus eigener Entscheidung schuldig wurden und selber ihre erste Ehe zerstört haben. Sie tragen schwer daran und sind sich klar darüber, daß sie zu der neuen Ehe niemals ein Recht hatten, ja daß diese neue Ehe nicht gültig sein kann. Es scheint ihnen aber unverantwortlich, die tatsächlich bestehende Ehe aufzulösen; oft ist auch die Rückkehr zum früheren Ehepartner unmöglich geworden. So bleibt das schmerzende Bewußtsein begangener Schuld mit dem ehrlichen Bemühen, wenigstens das jetzt Übernommene nach besten Kräften zu erfüllen.

Es müssen aber auch die genannt werden, die nicht nach sittlichen Verpflichtungen gefragt haben, sondern nach Willkür oder Laune ihre Ehe haben scheitern lassen und eine neue Bindung eingegangen sind. Sie fühlen sich einfach im Recht, erwarten, daß die Kirche ihr sich selbst zugesprochenes Recht bestätigt, und fordern diese Bestätigung aus Gründen des gesellschaftlichen Ansehens. Ihre Zahl ist bei der weit verbreiteten religiösen Gleichgültigkeit nicht gering.

Dieser so vielschichtigen, oft sehr verworrenen Lage Geschiedener und Wiederverheirateter steht die kirchliche Seelsorge mit ihrer Aufgabe gegenüber. Die Aufgabe selber ist eindeutig und klar; sie enthält die Verkündigung des unumstößlichen Herrengebots und die Zusage der Erbarmung Gottes an den in Sünde geratenen Menschen, der guten Willens ist. Wenn die Kirche auch selbstverständlich nicht an Gottes Geboten rütteln lassen darf, muß sie doch um so mehr den in ungültiger Ehe Lebenden die Botschaft von der erbarmenden Liebe Gottes ausrichten. So differenziert die Lage der Betroffenen ist, so differenziert werden auch die Wege und Ratschläge der Seelsorge sein müssen.

Jedenfalls ist es mit einer grundsätzlichen kirchlichen Anerkennung der Scheidung und einer allgemeinen Zulassung Wiederverheirateter zu den Sakramenten, wie sie heute manchmal gefordert werden, nicht getan. Man beruft sich dabei gern auf die Praxis besonders der östlichen Kirche. Der melchitische Patriarchalvikar Elias Zoghby hat in einer Intervention auf dem II. Vatikanischen Konzil auf die Praxis der östlichen Kirche und das ihr zugrunde liegende Prinzip der „Ökonomie" hingewiesen. „In der orthodoxen Theologie ist die Ehescheidung nur ein Dispens, der dem unschuldigen Gatten gewährt wird in genau bestimmten Fällen und in einer rein pastoralen Sorge kraft dessen, was die Orthodoxen das Prinzip der Zweckmäßigkeit (Ökonomie) und Nachsicht (Condeszendenz) nennen. Dieser Dispens schließt nicht den Grundsatz der Unauflöslichkeit aus"[53]. Aber auch diese Intervention dachte ausdrücklich nur an unschuldig verstoßene, junge Eheleute. Das Prinzip der Ökonomie verlangt stets eine ausführliche Buße. Dann aber erlaubt es eine, wenn auch nicht feierliche, neue kirchliche Trauung Geschiedener. Ähnlich halten es auch die Kirchen der Reformation. Wie sich diese neue Trauung allerdings mit dem zugleich festgehaltenen Grundsatz der Unauflöslichkeit soll vereinbaren können und wie eine willkürliche Ausweitung der „Ökonomie" in der Praxis verhütet werden kann, bleibt völlig offen.

Für die Pastoral der Kirche wird die rechtlich geordnete Gestalt einer Ehe stets ein wesentliches Anliegen sein. Sie könnte es deshalb nicht für richtig halten, sich einfach an Stelle des richterlichen Spruchs mit dem Urteil einer pfarrlichen oder bischöflichen Ehekommission, wie sie neuestens in der Diskussion um die Behandlung Geschiedener und Wiederverheirateter vorgeschlagen werden, zu begnügen[54]. Solche Kommissionen, aus Fachleuten (Laien und Seelsorgern) gebildet, können gewiß die Eheleute beraten, dem Ehegericht unter Umständen wertvolle Auskünfte geben und auch den Betroffenen zum Einleben in einer Gemeinde helfen. Aber ihre psychologischen oder pädagogischen Feststellungen können das Urteil über Ungültigkeit oder Bestand einer Ehe nicht ersetzen.

Es ist an dieser Stelle noch einmal auf den Begriff „freie Treue" einzugehen. Rudolf Pesch gebraucht ihn auch für die Haltung der Gemeinde gegenüber Geschiedenen und Wiederverheirateten. Ihr stehe das Urteil über solche Ehen zu. Dem einzelnen Christen ist Scheidung der Ehe nicht erlaubt. „Aber der christlichen Gemeinde ist sehr wohl die Feststellung erlaubt, daß der Unglaube, die Untreue, der Ehebruch diese oder jene Ehe tatsächlich zerbrochen, geschieden hat oder das Unvermögen diese oder jene Ehe gar nicht als Ehe zustande kommen ließ"[55].

Gewiß wird sich das Geschick einer Ehe in der Gemeinde abspielen und vor ihr bekannt werden. Aber ein verbindliches, gültiges Urteil über den Stand einer Ehe kann die Gemeinde nicht nach eigenem Belieben abgeben. Die Ehe ist nicht Einrichtung der Gemeinde, sondern ihr vorgegebene Setzung Gottes, die Gemeinde verfügt nicht über sie.

Tatsächlich festgestellte äußere Fakten oder psychologische Urteile sagen nichts Endgültiges über ihren inneren Bestand. Es bedarf einer rechtlich befugten Instanz, um darüber ein gültiges Urteil zu fällen. Dieses Urteil hat sich allein an der Ordnung Gottes für die Ehe zu orientieren. Es ist nie Sache einer „freien Treue", der Gottes Ordnung verfügbar wäre, sondern nur zu finden im gehorsamen Hören auf die vom Herrn gegebene Weisung.

Auch bei der Ehe von Geschiedenen wird der Seelsorger deshalb vor allem prüfen, ob sie nicht von der Kirche rechtlich geordnet werden kann. Wo dringender Verdacht oder gar Wahrscheinlichkeit besteht, daß die erste Ehe kirchlich ungültig war, müßte das Ehegericht angerufen werden. Es besteht die begründete Vermutung, daß beim heute vielfach unüberlegten Eheabschluß, beim mangelnden Eheverständnis und bei der so oft unreifen Entscheidung Ehen von vornherein nicht gültig waren und deshalb kein Hindernis für eine neue Ehe bilden. In welcher Weise das kirchliche Rechtsverfahren selber verbessert und wirksamer gemacht werden sollte, wurde schon dargelegt. Die Ehe erhielte durch die richterliche Bestätigung ihren vollgültigen, legitimen Platz in der Kirche.

Wo dies nicht möglich ist, bleibt sie unter dem Schatten der Schuld und trägt das Zeichen eines Widerspruchs, auch wenn sie menschlich noch so geglückt sein mag. Gerade gläubige Menschen werden diesen Widerspruch und das Unvollkommene ihrer Lage deutlich erkennen und darunter innerlich leiden. Dem Seelsorger sind solche Ehen besonders aufgegeben.

Wo Menschen selbstherrlich auf ihre Freiheit und ihr Recht pochen und von der Kirche höchstens die ausdrückliche Legitimation für ihren Eigenwillen fordern, wird er wenig helfen können.

Sonst aber kann es sein, daß Wiederverheiratete der begründeten, geprüften Überzeugung sind, daß ihre Ehe gültig sei, obwohl sie eine bestätigende richterliche Auskunft nicht erlangen konnten. Vielleicht waren ihre Argumente nicht ausreichend oder zweifelhaft, so daß es bei der formalen Enge des Prozeßverfahrens nicht zu dem erhofften Urteil kommen konnte. Sind die Partner einer solchen zweiten Ehe guten Gewissens, wird man sie in ihrem Glauben belassen, zumal wenn die Ehe schon längere Zeit besteht und eine Wiedergutmachung in Hinsicht der ersten Ehe nicht mehr möglich ist. Nach dieser Regel hat die Seelsorge schon immer gehandelt, wo zum Beispiel Unkenntnis über objektive Tatbestände, die eine Ehe ungültig machten, vorlag. Auch wenn kirchliche Autorität die bona fides eines vielleicht irrigen Gewissens nicht bestätigen kann, behält es für die persönliche Überzeugung sein Recht. Dabei ist noch einmal daran zu erinnern, daß es nicht nur den unüberwindlichen Irrtum des Einzelgewissens, sondern auch ein kollektiv irrendes Gewissen gibt, das der Macht der Propaganda, der öffentlichen Meinung, den allgemein vertretenen Leitbildern erliegt[56]. Wie sehr die christliche Auffassung von der Ehe und ihrer Unauflöslichkeit von diesen geistigen Mächten bedroht ist, liegt auf der Hand. In diesem Zusammenhang wird Richard Egenters Frage verständlich: „Darf das Erfüllungsgebot der Unauflöslichkeit urgiert werden in einer Sozialordnung, die es nicht versteht?"[57]

Viel öfter wird es vorkommen, daß Partner einer ungültigen Ehe das Unrechte ihrer Lage klar erkennen. Sie überschauen den Weg, der sie dahin geführt hat, und sind vielleicht kritisch geworden gegen manche Fehlentscheidungen. Oft schien schon das Eingehen dieser Ehe das kleinere Übel angesichts der möglichen geschlechtlichen Verwahrlosung und der äußeren Bedrängnisse. Späterhin wurde eine Wiedergutmachung immer unmöglicher. Auch eine tiefe Reue und echter Wille zur Wiedergutmachung haben nicht einfach die Kraft, den verletzten Partner zu versöhnen und die ehemalige Bindung neu zu knüpfen. „Hier wird besonders deutlich, daß die freie Selbstverwirklichung des Menschen im Bösen wie im Guten soziale Dimensionen hat und sich so innerhalb einer Welt und Gesellschaft konkretisiert und in sie hinein verleiblicht, daß die Auswirkungen sittlichen Handelns nicht nur die Innerlichkeit des einzelnen betreffen. Daher bedeuten Reue und Vergebung nicht gleichzeitig auch das Rückgängigmachen der aus ihr entstandenen Situation"[58]. Jetzt, nach einer durch Jahre geführten Ehe, der vielleicht auch Kinder entstammen, finden sich die Menschen in einer Zwangslage, die sie einfach bindet, ja deren Änderung sie aufs neue schuldig werden ließe.

Helfende Seelsorge wird Menschen in dieser Lage, die, auch wenn sie in dieser Ehe menschlich glücklich sind, ihre

Schuld gut erkennen und mit sich tragen, den Weg christlicher Buße zu erschließen haben. Damit ist nicht gemeint, es müsse ihnen das schlechte Gewissen, sie lebten dauernd in Todsünde, eingeimpft werden, gemeint ist jene echte Buße, die nach dem Neuen Testament eine wesentliche Grundhaltung christlichen Lebens ist. Es ist nicht recht verständlich, wie auch Theologen heute in diesem Zusammenhang über die Buße abschätzig reden. Gewiß können wir liturgisch den Stand der Buße in der Gemeinde nicht mehr so darstellen, wie es die alte Kirche getan hat. Aber angesichts der Vergleichgültigung der Sünde und der Verharmlosung der Buße im heutigen christlichen Bewußtsein hätten am Ende Ehen, deren Partner die Buße in der Gemeinde leibhaftig verkörpern, eine wichtige Aufgabe für alle. Sie hätten in solcher Weise einen legitimen Platz in der Gemeinde gerade in der Gebrochenheit ihrer Ehe. Es ist so viel von den verschiedenen Diensten heute die Rede. Könnte nicht die bereitwillige Annahme der Buße, die nicht auf ein Recht in der Gemeinde pocht, ein solcher Dienst sein? Es wäre damit zugleich die Vergebung eingeschlossen.

Wie spirituell ernst und ehrlich das verstanden werden kann, bezeugt ein Beitrag, den eine Gruppe von Eheleuten und Priestern in „Parole et Mission" 1969 veröffentlicht hat. „All das, was sie im Leben noch bewältigen müssen, ihre Fähigkeit zu lieben und die natürlichen Triebe ihres Leibes, und all das, was sie von ihrer Umgebung, der Gesellschaft und der Kirche, zu ertragen haben, dieses Fegefeuer wird nun für sie zum Kreuz in Jesus Christus, ‚der die Sünden der Welt auf sich genommen hat'. Dieses Kreuz wird zum Heil für sie selbst. Sie verkörpern es für die anderen und für die Kinder, für ihren ersten Ehegatten, für den sie vor Gott immer noch geistig Verantwortung tragen. So sieht nämlich das Heilsgeheimnis in der Kirche und der Menschheit aus. Weil aber die seelische Not besonders in ihren Herzen zugegen ist, wird ihr Leben, wenn sie es demütig Gott anvertrauen, zu einer ‚Liturgie des zerbrochenen Herzens', die der Psalm ‚Miserere' beschreibt"[59].

Bei Geschiedenen, die sich so um eine wahrhaft christliche Bewältigung ihrer von Schuld belasteten und bedrängten Lage mühen, könnte dann gewiß auch im Einzelfall einmal der Tag kommen, wo sie in die Tischgemeinschaft der Eucharistie aufgenommen werden. Man darf vielleicht zur Begründung dafür jene Regel übertragen, die das Dekret über den Ökumenismus zur communicatio in sacris für die getrennten Christen aufstellt. „Die Bezeugung der Einheit verbietet in den meisten Fällen die Gottesdienstgemeinschaft, die Sorge um die Gnade empfiehlt sie indessen in manchen Fällen“[60]. Die Ehe Geschiedener trägt ja in sich einen Widerspruch zum unauflöslichen Bund, den der Herr mit seiner Gemeinde geschlossen hat; dies aber und nicht eine kirchliche Strafe, ist der tiefste Grund, der solche Eheleute von der Eucharistie, dem besonderen Zeichen dieses unauflöslichen Bundes, ausschließt. Aber auch hier darf gelten, daß die Sorge um die Gnade für den einzelnen die Zulassung trotzdem manchmal empfehlen kann, zumal wenn er sich in einer für ihn unlösbaren, bedrängten Gewissenslage befindet.

Man kann und darf aus dieser Möglichkeit im besonderen einzelnen Fall aber kein allgemeines Gesetz machen, wie das heute von vielen erstrebt wird. Es muß notwendigerweise zu Verwirrung führen, wenn pastorale Ratschläge und Lösungen in ganz konkreten, besonders gelagerten und genau geprüften Einzelfällen als allgemein anzuwendende Normen proklamiert werden. Leider geschieht das heute weithin in unverantwortlicher Weise. Verantwortliche, gewissenhafte Seelsorge hat schon immer auch in schwierigen Grenzfällen zu raten und zu helfen gewußt. Sie hat stets ein feines Empfinden dafür besessen, daß solche Fragen mit Behutsamkeit und Diskretion zu behandeln sind und nicht auf dem öffentlichen Markt diskutiert werden können.

Es war ihr auch deutlich, daß individuelle Entscheidungen dieser Art ein begründetes, kluges Urteil voraussetzen und das Wagnis des Außerordentlichen in sich tragen. Wenn man sie heute vielfach vergröbernd und vereinfachend durch verallgemeinerte Regeln ersetzen will, führt es notwendig dazu, daß sowohl die sittliche Ordnung wie verantwortliche Seelsorge in Frage gestellt werden.

Die sittlichen Voraussetzungen für diese gelegentliche Zulassung hat Hans Bernhard Meyer ausführlich dargestellt[61].

Wo geschiedene und wiederverheiratete Christen in einer Gemeinde ernst und treu den Weg der Buße gehen, wird die Gemeinde ihre gelegentliche Teilnahme an der Eucharistie gelten lassen, und die Gefahr des Ärgernisses wird kaum auftreten. Das Ärgernis würde allerdings durchaus verständlich sein, wenn die Zulassung Geschiedener einfach zur allgemeinen Ordnung gemacht würde und wenn, womöglich um der Buße auszuweichen, geschiedene Eheleute auf ein ihnen zustehendes Recht pochen wollten.

Das Wesen der sakramentalen Ehe verbietet erst recht den kirchlichen Abschluß einer Ehe von Geschiedenen, wie er heute auch schon erwogen wird. Er kann unter keinen Umständen in Frage kommen. Enthielte er doch die ausdrückliche Leugnung der Unauflöslichkeit der Ehe, die im Sakrament gründet, und wäre der formelle Widerspruch zur bleibenden, unwiderruflichen Gabe Gottes in der ersten gültigen Ehe. Auch eine schlichtere kirchliche Einsegnung der zweiten Ehe, wie sie ebenfalls schon angeregt wurde, ist nicht verantwortbar. Sie würde nämlich im allgemeinen, unklaren Verständnis als eine einfachere Form des Sakraments angesehen und damit dessen Unauflöslichkeit in Zweifel bringen. Das allgemeine Wohl der Kirche, ihrer Ordnung und ihres rechten Glaubens muß hier allen persönlichen Wünschen vorgehen.

Es ist nicht ungerecht, wenn die immerhin eigenwillig eingegangene Ehe unter dem Zeichen der Buße bleibt. So in der Gemeinde angenommen, wird sie höchstens den Charakter einer natürlichen Ehe tragen, niemals aber kann sie das Bundeszeichen des unauflöslichen Sakraments, seiner Gabe und Berufung besitzen. Noch mit diesem Mangel behaftet, ist sie ein indirektes Zeichen für die Unauflöslichkeit der christlichen Ehe.

# ANMERKUNGEN

## HANS LUBSCZYK

## DIE EHE IM ALTEN BUND

[1] Vgl. E. Zoghby, Konzilsinterventionen vom 29. September und 4. Oktober 1965, in: „Die Autorität der Freiheit", hrsg. von J. Ch. Hampe, München 1967, III, 264–268 und DOK 232–236.
In den deutschsprachigen Presseinformationen Nr. 11 vom 29. September wird die Rede von E. Zoghby im Auszug wiedergegeben. Dort heißt es: „Neben dem Problem der Geburtenbeschränkung gibt es ein noch brennenderes Problem: das Leid junger Ehegatten, die in frühester Jugend endgültig von ihrem Partner ohne eigene Schuld verlassen worden sind. Die Lösung der lebenslangen Enthaltsamkeit ist keine solche, außer für außergewöhnliche Menschen, und kann nicht allen aufgenötigt werden. Sie setzt eine heroische Tugend voraus ... Die Kirche hat von Christus die Gewalt empfangen, allen Menschen die ihnen angemessenen Heilsmittel zu spenden. Die Ostkirche hat immer gewußt, daß sie diese Gewalt hat und sie zugunsten des unschuldigen Ehepartners einsetzen kann, indem sie das Eheband löst."

[2] An der Diskussion beteiligen sich vor allem Kanonisten und Gerichtspraktiker aus dem angelsächsischen und französischen Raum, auch Exegeten, weniger Dogmatiker. Ausgangspunkt der Diskussion ist die pastorale Situation: Viele Gläubige sind geschieden und wiederverheiratet, sie sehnen sich nach den Sakramenten, können aber weder ihre erste Ehe wiederherstellen, noch ihre zweite auflösen. Die angebotenen Lösungen bewegen sich in zwei Richtungen: einmal daß die Unauflöslichkeit als Zielgebot verstanden werden müsse und nicht als Erfüllungsgebot, so daß man nach dem Scheitern einer Ehe eine zweite, sakramentalen oder nichtsakramentalen Charakters, konzedieren könne und müsse. Eine andere Möglichkeit wird darin gesehen, die Bedingungen für das Zustandekommen einer Ehe zu überprüfen. Nach der katholischen Lehre und dem katholischen Kirchenrecht kommt die Ehe durch den Konsens der Ehepartner zustande (Can. 1081 § 1). Hier nun glaubt man, daß die psychisch-anthropologischen Voraussetzungen für eine bindende Entscheidung neu überdacht werden müssen.

[3] Vgl. I. F. Görres, Was Ehe auf immer bindet, Berlin 1971, 8 ff.

[4] J. Ratzinger, Demokratie in der Kirche: Möglichkeit, Grenzen, Gefahren, Limburg 1970, 12.

[5] I. F. Görres, a. a. O., 10.

[6] A. a. O., 11.

[7] A. a. O., 15.

[8] Konstitution über die göttliche Offenbarung. „Dei Verbum" (DV), art. 12.

[9] I. F. Görres, a. a. O., 16.

[10] I. F. Görres, a. a. O., 15.

[11] Dieses einzigartige geschichtliche Glaubensbewußtsein Israels wirkt sich in allen Bereichen seines Lebens aus. So ist die Hoffnung Israels auf eine eschatologische Vollendung der Welt von den Zukunftsträumen der Menschheit, die uns in mythologischen Texten begegnen, grundlegend verschieden. Die Zukunftshoffnungen Israels gründen nicht in einer psychologisch begründeten Flucht aus einer unerfüllten Gegenwart in eine bessere Zukunft, sondern in der Überzeugung von der Bundestreue Gottes. Die Zukunftserwartungen des Alten Bundes fordern aber auch die Treue Israels und verwehren so die Flucht in Illusionen und Träume. Sie stellen den Menschen mit Entschiedenheit in seine reale Situation. In ihr muß er das Gottesverhältnis des Bundes leben, um an der Zukunft des Bundes teilzuhaben.

[12] Das beste Beispiel findet sich im 125. Kapitel des sog. „Totenbuches", das uns in zahlreichen Abschriften aus verschiedenen Zeiten der ägyptischen Geschichte erhalten ist. In den Totentexten des neuen Reiches (etwa 1580–110 v. Chr.) sind Bekenntnisse enthalten, die ein Verstorbener vor den 72 Totenrichtern abgeben muß, um zur Anschauung Gottes zugelassen zu werden. Da heißt es u. a.: „Ich habe nicht Unrecht getan gegen Menschen; ich habe keinen Diener bei seinem Vorgesetzten schlechtgemacht; ich habe nicht hungern lassen; ich habe nicht zum Weinen gebracht; ich habe nicht getötet; ich habe nicht zu töten befohlen; ich habe nicht Ehebruch begangen; ich habe nicht Unzucht getrieben; ich habe das Kornmaß weder vergrößert noch verringert; ich habe nicht gestohlen; ich bin nicht gegen ein wahres Wort taub gewesen; ich bin nicht habgierig gewesen; ich habe nicht Lüge geredet; ich habe nicht gelauscht; ich habe nicht gezankt; ich habe dem Richter nicht zugezwinkert; ich habe nichts verschwiegen; ich habe nicht geschmäht; ich habe nicht viele Worte gemacht." Positiv bekennt der Verstorbene: „Ich habe dem Hungernden Brot gegeben, dem Dürstenden Wasser, dem Nackten Kleider, dem Schifflosen eine Fähre".

[13] Manche Bestimmungen des Bundesbuches, der ältesten Gesetzessammlung des Alten Testamentes, verraten noch die Härte

des Nomadenlebens: „Wenn Männer sich streiten und einer schlägt den anderen mit einem Stein oder mit einer Hacke, so daß dieser zwar nicht stirbt, aber bettlägerig wird, dann bleibt der Schläger straffrei, muß ihm aber Unterhalt für seine Arbeitsunfähigkeit geben und für seine Heilung haften, wenn dieser so aufkommt, daß er sich wenigstens draußen mit dem Stock bewegen kann“ (Ex 21, 18 f.).

[14] Die auf Israel zurückgehenden Religionen: Judentum, Christentum, Islam, sind die einzigen, die einen echten Monotheismus besitzen (LThK VII, Sp. 565 f.).

[15] Vgl. A. Alt, Die Ursprünge des israelitischen Rechtes, in: Kleine Schriften zur Geschichte Israels I, 330 ff.
Alt nimmt an, daß die Gattung des apodiktischen Rechtes in den grundlegenden Institutionen der Frühzeit wurzelt und uns an die ursprüngliche Eigenart dieses Volkes heranführt. Er meint, daß es wie die Jahwe-Verehrung seinen Ursprung in der Wüste hat. Er schreibt: „... denn wenn schon das kasuistische Recht Kanaans strikt in der Sphäre des Profanen bleibt und keinerlei expansive Tendenzen mehr zeigt, so wirkt dafür im apodiktischen Recht Israels eine noch ungebrochene, völlig aggressive Kraft, die schlechthin jedes Lebensgebiet dem unbedingten Herrschaftsanspruch des Willens Jahwes für sein Volk unterwerfen will und daher keine profane oder neutrale Zone anzuerkennen vermag ... Im übrigen aber verfolgen die apodiktischen Sätze den Israeliten vom Heiligtum Jahwes hinaus in sein Alltagsleben und stoßen da mit den Positionen und Negationen des kasuistischen Rechtes notwendig zusammen.“ Diese apodiktischen Gesetze setzen nach Alt ihrem Inhalt nach die Landnahme nur an wenigen Stellen voraus. In ihnen findet sich eine patriarchalische Gesellschaftsordnung, in der es zwar nicht für alle das gleiche Recht gibt, aber doch für alle Recht; niemand wird der Rechtlosigkeit ausgeliefert.

[16] Ex 22, 20 f. 24 ff.; vgl. Lev 20, 10.

[17] G. E. Mendenhall, Recht und Bund in Israel und in dem alten Vorderen Orient, Zürich 1960, 13.

[18] Nach Mendenhall ist kaum ein Rechtsbuch vorzustellen, das sich stärker von allem unterscheidet, was wir von kanaanäischer Kultur wissen, als das Bundesbuch (Ex 20, 22—23, 33). Es spiegelt die Sitten und Lebensgewohnheiten und religiösen Verpflichtungen des israelitischen Gemeinwesens (oder vielleicht eines besonderen Gemeinschaftsgebildes in Nordisrael) in vorköniglicher Zeit wider ... Es weist genau die Mischung von kasuistischem und apodiktischem Recht bzw. von Technik und Leitprinzip auf, die wir in hethitischen Vertragstexten, wie auch in mesopotamischen Rechtsbüchern vorfinden. Mendenhall, a. a. O., 16 f., glaubt, daß die Kodifizierung des Bundesbuches bei der Errichtung des Königtums stattgefunden hat.

[19] Israel wird von Gott aus der Knechtschaft erlöst. Gott wird in diesem Geschehen der Befreiung als anwesend, als gegenwärtig erfahren. Die Symbole seiner Gegenwart, die Feuer- und Wolkensäule, bereiten die sichtbare Darstellung seiner Anwesenheit in der Lade und später im Tempel vor.

[20] Ex 19, 3 ff.

[21] Die Entdeckung der Analogien zwischen den Bundesurkunden Israels und den altorientalischen, besonders den hethitischen Vasallenverträgen hat eine geraume Zeit die Erforschung des Bundes und seiner Entwicklung bestimmt. Die Analogien sind vielfältig und überraschend. Sie bleiben auch bestehen, wenn man eine Abhängigkeit des Bundesdenkens Israels von diesen Vertragsformen leugnet und meint, daß die Analogien in der Vertragsform selbst vorgegeben sind und sich jeweils von selbst ergeben, wo feste rechtliche Verhältnisse unter Vertragspartnern festgelegt werden. (Vgl. z. B. K. Baltzer, Das Bundesformular, Neukirchen 1960, 19 ff., W. Beyerlin, Herkunft und Geschichte der ältesten Sinaitraditionen, Tübingen 1961, 59 ff.)

[22] Das Vertragsformular beginnt mit einer ausführlichen Selbstvorstellung des Großkönigs und mit einem geschichtlichen Rückblick auf sein Verhältnis zu dem Vasallen, mit dem er den Vertrag schließt (G. E. Mendenhall, a. a. O., 3 f.). Die Wohltaten, die er ihm erwiesen hat, sogar schon das Verhältnis zu seinem Vater werden dargestellt und bilden die Grundlagen des Vertrages. Der Vertrag wird also nicht zwischen Unbekannten abgeschlossen, es geht bei ihm nicht nur um sachliche Verpflichtungen, sondern um ein lebendiges persönliches Verhältnis. Dieses wird durch Anrufung der Götter zu Zeugen, durch Segen und Fluch für den Fall der Erfüllung oder Nichterfüllung bekräftigt.

[23] Die Vertragschließenden sind Freunde. Vgl. N. Lohfink, Das Hauptgebot, Rom 1963, 78. K. Baltzer, Bundesformular, 22 Anm. 3.

[24] Dt 6, 4 f.

[25] In den Begründungen der Gesetze, die sich in den späteren Gesetzestexten, besonders im Deuteronomium und im Heiligkeitsgesetz, häufen, wird sehr oft auf den Auszug oder die Landnahme zurückgegriffen.

[26] Vgl. Ex 21, 20 ff. 26 f. Nach Mendenhall (a. a. O., 16) kennt das Bundesbuch „keine soziale Schichtung, denn die in ihm erwähnten Sklaven sind nicht Glieder der Volksgemeinschaft."

[27] Vgl. Anm. 18.

[28] Ex 21, 3 f.

[29] Vgl. S. Loersch, Das Deuteronomium und seine Deutungen, StBSt. 22, 18 ff. Man kann mit Hempel und anderen annehmen, daß im Deuteronomium eine alte jerusalemische Tempelregel vorliegt, die zur Zeit Hiskias oder Manasses im Sinne der Kul-

tuszentralisation bearbeitet wurde und später der Reform des Josia zugrunde lag (a. a. O., 53 ff.).

[30] Dt 15, 12–15; vgl. Dt 24, 18; 16, 12; 5, 15.

[31] Das Heiligkeitsgesetz (H), zuerst von Klostermann so genannt, ist eine Gesetzessammlung mit alten Elementen, die mit dem Buch des Propheten Ezechiel in vielen Einzelheiten übereinstimmt. Nach E. Sellin/G. Fohrer, Einleitung in das AT, 10. Auflage, 155, weist alles darauf hin, daß H während der babylonischen Exilszeit (6. Jh.) kodifiziert worden ist.

[32] Lev 25, 39–43.

[33] Dt 15, 15.

[34] Dt 5, 14 f.

[35] Vgl. Dt 23, 16 f. Eine ähnliche Entwicklung ist im Verhalten Israels zu den Fremden festzustellen. Die Fremden sind in Israel von Anfang an geschützt (Ex 22, 20). Sie dürfen nicht unterdrückt werden, ebensowenig wie die Witwen und Waisen. Im Heiligkeitsgesetz aber werden die Fremden den Israeliten gleichgestellt: „Einerlei Recht soll gelten für euch, für den Fremden wie für den Eingeborenen; denn ich, der Herr, bin euer Gott" (Lev 24, 22).

[36] Num 35, 19 ff.; vgl. K. Karner, BHHW 3, 2082.

[37] Vgl. Ri 8, 18 ff.; 2 Sam 3, 27; 21, 1–4. Ganz kraß begegnet uns der Geist der Rache in der Gestalt des Lamech (Gen 4, 23) und noch in David (1 Kön 2, 1–9, 44).

[38] Vgl. Ex 21, 12 f.; Dt 19, 4 ff.; Num 35, 10 ff.

[39] Das Deuteronomium (32, 35 f.; vgl. Lev 19, 18) tut den ersten Schritt zur Überwindung der Blutrache als Sippenhaftung. Ein jeder soll nur für seine eigene Sünde getötet werden (Dt 24, 16; 2 Kön 14, 5 f.).

[40] Endgültig wird das Gesetz der Vergeltung von Jesus im Evangelium (Mt 5, 38 ff.; Röm 12, 19 ff.) aufgehoben.

[41] In dieser Entscheidungsfähigkeit ist eine Voraussetzung für die unauflösliche Einehe des Neuen Testamentes gegeben.

[42] In der sog. „Bundeserneuerung" Josuas in Sichem (Jos 24) liegt offenbar das Formular eines regelmäßig wiederholten Bundeserneuerungsfestes vor. Manche nehmen an, daß diese Bundeserneuerung Josuas ein geschichtliches Ereignis wiedergibt: die Aufnahme vorisraelitischer hebräischer Stämme in den Bund.

[43] Vgl. M. Noth, Das Buch Josua, 1953, 139. Wir finden auch in Ps 114/115 und 135 und in der Sinai-Perikope selbst die gleichen Formelemente wie hier in Jos 24, 11 ff.

[44] Das bedeutet nicht, daß diese Entscheidung aufgehoben werden konnte. Sie war eine Entscheidung für immer. Es ging bei dem Jawort um Leben und Tod (Jos 23, 11).

[45] Vgl. Gen 31, 46 ff.

[46] Vgl. Ps 15, 4 f.

[47] Beim Propheten Jeremia ist die Annullierung eines zwischenmenschlichen Vertrages, der durch Gott sanktioniert war, ein todeswürdiges Verbrechen (vgl. Jer 34, 13 ff.). Man hatte während der Belagerung Jerusalems Sklaven freigelassen, sie aber, als das Belagerungsheer zeitweilig abziehen mußte, wieder in ihren Dienst zurückgeholt. Der Prophet sagt: „Ich mache die Männer, die meinen Bund übertraten und die Worte meines Bundes, den sie vor mir schlossen, nicht hielten, gleich dem Kalb, das sie auseinandertrennten und zwischen dessen Stücken sie hindurchschritten." Aus den Worten Gottes wird deutlich, daß beim Abschluß des Vertrages noch die uralte, aus dem Nomadentum übernommene Bundesform vollzogen wurde, bei der die Vertragschließenden zwischen den blutigen Fleischstücken der Opfertiere hindurchschreiten mußten.

[48] C. H. Gordon (Geschichtliche Grundlagen des Alten Testamentes, 115) schreibt: „Die Übereinstimmung zwischen der Gesellschaftsordnung von Nuzu und jener der hebräischen Patriarchen ist so auffallend, daß nach der einhelligen Auffassung der Wissenschaft die Patriarchen in der Genesis soziologisch ein getreues Bild der damaligen Zeit vermitteln" (zu den eherechtlichen Parallelen vergleiche im besonderen 122 ff.).

[49] Die gesellschaftliche Stellung der Frau ist ethnologisch im Ursprung Israels begründet. Wie in anderen vaterrechtlichen Hirten- und Ackerbauvölkern kommt es wenigstens in der Frühzeit zur Ausbildung der paternalen Großfamilie als Wohn- und Wirtschaftsgemeinschaft mit Vielweiberei und der Institution des Brautpreises (F. König, Religionsgeschichtliches Wörterbuch, Die Grundbegriffe, 303 f.).

[50] Eine des Ehebruchs verdächtigte Frau muß sich einem Gottesurteil unterziehen (E. Lövestam, BHHWI, 370 f., Ehebruch).

[51] Vgl. Dt 24, 1 ff.

[52] Vgl. Ex 22, 15 ff. In Ex 20, 17 steht die Frau im Gegensatz zu Dt 5, 21 in einer Reihe mit dem Eigentum eines Mannes.

[53] Im Bundesbuch heißt es im Anschluß an die Bestimmungen über das Eigentumsrecht (Ex 22, 4—14): „Wenn jemand eine Jungfrau, die nicht verlobt war, verführt und ihr beiwohnt, so soll er den Preis entrichten und sie zur Frau nehmen. Weigert sich aber ihr Vater, sie ihm zu geben, so soll er den Betrag zahlen, entsprechend dem üblichen Preis für die Jungfrauen."

[54] Vgl. Gen 16, 1–6; 21, 10 ff.; 29, 26 f.

[55] Vgl. Gen 16, 5.

[56] Vgl. Gen 2, 5 ff. 16 ff. Die jahwistische Urgeschichte steht der Weisheitslehre nahe.

[57] Zu berücksichtigen ist die enge Beziehung zu den Haustieren, die Israel aus der Wüstenzeit mitbringt (vgl. 2 Sam 12, 1 ff.).

[58] Vgl. G. v. Rad, Theologie d. AT I, ³1961, 153 f.

[59] Vgl. Gen 2, 18.

[60] Der jahwistische Sündenfallbericht zeigt die Differenzierung der Gemeinsamkeit in Schuld und Strafe (vgl. Gen 3, 1–6. 13 ff.). Es muß dabei berücksichtigt werden, daß die Paradiesgeschichte eine Rückschau Israels in die Vergangenheit darstellt (H. Renkens). Der Erkenntnisgrund für die Schöpfungslehre des Jahwisten ist die Gemeinschaft mit Gott.

[61] Vgl. Gen 3, 16.

[62] Vgl. Gen 3, 16–19. Der Unterschied zwischen Schöpfungswirklichkeit und Sündenfolge ist ein Hauptthema der jahwistischen Urgeschichte. Die Arbeit ist dem Menschen schon im Paradies aufgetragen (Gen 2, 15), die Mühsal kommt aus der Sünde (Gen 3, 17 ff.). Die Anziehungskraft der Geschlechter erscheint vor dem Sündenfall als Schöpfung Gottes (Gen 2, 24), nach der Sünde wird sie zum Begehren (Gen 3, 16; vgl. 4, 7).

[63] Gen 1, 27. Die gemeinsame Herrschaft von Mann und Frau nach dem priesterlichen Schöpfungsbericht deutet an, daß der Mensch nur in seinem gesellschaftlichen Verfaßtsein über die Welt herrschen kann.

[64] Ex 21, 15. Manchmal kommt der Mutter eine besondere Bedeutung zu (vgl. Gen 27, 6 ff. 13 f.).

[65] Gen 29, 31 ff. Die realistische Schilderung der Ehe Jakobs mit seinen zwei Frauen (Gen 30 f.) zeigt seine Abhängigkeit von ihnen.

[66] Die Geschichte von der Gefährdung der Ahnfrau kehrt dreimal wieder (Gen 12, 10–20; 20, 1–18; 26, 7–18).

[67] Vgl. Gen 24.

[68] Gen 24, 57 ff. Auch Hagar steht unter der Führung Gottes. In der Wüste sendet ihr Gott einen Engel. Auch ihr wird wie Sara eine zahlreiche Nachkommenschaft verheißen: „Siehe, du hast empfangen und wirst einen Sohn gebären. Du sollst ihn Ismael nennen, denn Jahwe hat auf deine Not gehört“ (Gen 16, 11).

[69] Es geht in der Schrift nicht um die Mitteilung eines einheitlichen Systems von Wahrheiten, sondern um die reale, spannungsgeladene Geschichte Gottes mit der Menschheit. Ratzinger (LThK, Das Zweite Vatikanische Konzil II, 506) schreibt dazu: „Zu den wichtigsten Vorgängen im Ringen um die Konstitution über die Offenbarung gehört ohne Zweifel der Durchbruch durch die Blickverengung, die Rückfrage, was vor aller Fixierung in positive Quellen geschieht, wenn Gott sich offenbart, und so eine neue Besinnung auf Wesen und Grund christlicher Existenz überhaupt.“

[70] Darum gehören auch die Sitten- und Rechtsordnungen Israels, die dem Wesen des Menschen nicht voll entsprechen, zur Geschichte Gottes mit den Menschen.

[71] Vgl. DV, art. 2.

[72] Nachdem die Werbung des Elieser durch ein wunderbares Zusammentreffen von Gott bestätigt worden ist, wird Rebekka um ihre Zustimmung gefragt: „Willst du mit diesem Manne ziehen?" Und sie antwortet mit Ja. So empfängt sie einen ähnlichen Segen wie Abraham: „Unsere Schwester, werde du zu Tausenden, ja, Unzähligen! Deine Sprossen sollen das Tor ihrer Feinde erobern" (Gen 24, 57–60).

[73] Vgl. Gen 27, 6–13. Auf die furchtsame Frage Jakobs, ob er sich mit dem Betrug nicht vielmehr Fluch zuziehen könne als Segen, antwortet Rebekka: „Der Fluch komme über mich, über dich aber der Segen!"

[74] Ruth läßt sich von ihrer Schwiegermutter nicht in ihrer Treue beirren. Sie weigert sich, die alte Frau zu verlassen und heimzukehren: „Dringe nicht darauf, daß ich dich verlasse und heimkehre und mich von dir wende, denn wo du hingehst, da gehe auch ich hin, wo du weilst, da weile auch ich, dein Volk ist mein Volk, dein Gott ist mein Gott" (Ruth 1, 16 f.).

[75] Das wird von Booz, der sie später zur Ehe nimmt, bestätigt. Er sagt: „Alles ist mir berichtet worden, was du nach dem Tode deines Mannes an deiner Schwiegermutter getan hast, daß du deinen Vater und deine Mutter und dein Heimatland verlassen hast, um zu einem Volke auszuwandern, welches du bis dahin noch nicht gekannt hast. Der Herr möge dir dein Tun vergelten, und die volle Belohnung werde dir vom Herrn, dem Gotte Israels, zuteil dafür, daß du gekommen bist, um unter seinen Flügeln Schutz zu suchen" (Ruth 2, 11 f.).

[76] Die Einheit der Schrift zeigt sich in der überall gleichen Grundentscheidung für Gott.

[77] Diese Fähigkeit des Menschen, endgültig über sich selbst zu verfügen, ist auch in der sakramentalen Ehe vorausgesetzt.

[78] „Das Land war still ..., bis du aufstandest, Debora, dich emporrecktest, eine Mutter in Israel" (Ri 5, 7).

[79] Die Schilderung der politischen Situation nimmt etwa die Hälfte des ganzen Buches ein (Jdt 1–7): der Krieg, der Angriff der medischen Truppen, der Verrat des Achior, die Mutlosigkeit der Bevölkerung in der Stadt und schließlich der Wassermangel, der die Häupter der Stadt entmutigt und zur Übergabe geneigt macht.

[80] Ozias sagt: „Habt Mut, Brüder, fünf Tage noch wollen wir durchhalten, während der Zeit wird Gott, der Herr, sein Erbarmen uns zuwenden, denn er wird uns nicht für immer im Stich

lassen. Kommt uns aber in dieser Zeit keine Rettung, dann will ich gemäß euren Worten handeln" (Jdt 7, 30 f.).

[81] Vgl. Jdt 8, 11–16.

[82] Judith wird gepriesen: „Du bist der Stolz Jerusalems, du die Freude Israels, du die Zierde unseres Volkes! Mit eigener Hand hast du all dieses vollbracht, hast Israel Wohltaten erwiesen, und Gott fand daran Wohlgefallen. Sei gepriesen bei dem allmächtigen Herrn für alle Zeiten!" Und alles Volk sprach: „Amen" (Jdt 15, 9 f.).

[83] Susanna spricht: „Drangsal kommt mir von allen Seiten! Tue ich dies, so ist mir der Tod gewiß, tue ich es nicht, so werde ich eurer Gewalt nicht entrinnen. Doch lieber ist es mir, das nicht zu tun und in eure Gewalt zu fallen, als vor dem Herrn zu sündigen!" (Dan 13, 22 f.).

[84] Vgl. 2 Makk 7, 27 ff. Die Mutter sagt zu ihrem jüngsten Sohn: „Habe keine Angst vor diesem Henker, sondern zeige dich deiner Brüder würdig! Nimm den Tod auf dich, damit ich dich in der Erbarmenszeit mit deinen Brüdern wiedererlange!"

[85] Ps 44, 7 ff.

[86] Die im Alten Testament überlieferten Beispielsgeschichten handeln in der Mehrzahl von Frauen (Ruth, Judith, Esther).

[87] Gen 1, 26 f.

[88] Israel hadert mit Gott, wenn es meint, daß Gott den Bund nicht halte (Ps 44; 89).

[89] Gott bleibt dem Bunde treu, trotz der Untreue Israels (vgl. Ez 20).

[90] Vgl. Eph. 5, 25.

[91] Jer 3, 6–13; Ez 16; 23.

[92] Hos 1–3.

[93] Dt 22, 23–27; Lev 20, 10.

[94] Hos 2, 4–15.

[95] Hos 1.

[96] Hos 2, 18–25.

[97] Jer 2, 2–3.

[98] Jes 50, 1–3.

[99] Jes 54, 5.

[100] In der Gestalt des Elieser (Gen 24 ff.) begegnet uns ein Bild der Treue gegen Gott und Abraham. Das Unrecht, das Jakob seinem Bruder Esau getan hat, findet dessen Vergebung (Gen 33, 1–17) und die Vergebung Gottes (Gen 35, 2–13).

[101] Vgl. Gen 32, 10 ff.

[102] Vgl. W. Schilling in RGG V, Sp. 821: „Heterogen überbetonter (nicht aus der Urverwurzelung gespeister) Einfluß des Rechtes

auf Religion führt leicht zu deren Erstarrung in „Nomismus", oft in Dogma und Kultus, in hierarchisch überbetonte Kirchenordnung (Kirchenrecht), besonders aber dort, wo Religion als Herrschaftsform auftritt oder einen Gesellschaftsaufbau begründet."

[103] Hos 11, 1 ff.; Jer 2, 2–3; Hos 2,17.

[104] Dieser aktive Anteil der Frau läßt sich im Eherecht Israels nicht ohne weiteres unterbringen. Der Ehevertrag wird zwischen zwei Familien abgeschlossen: zwischen dem Vater der Braut und dem Vater des Bräutigams als dessen Vertreter (Gen 24, 2 ff.; Dt 7, 3; Ri 14, 2 f.) oder dem Bräutigam selber (Ex 22, 15) (H. Haag, Bibel-Lexikon, Sp. 360). Ob die Brautgabe, die der Vater des Bräutigams oder dieser selbst bei der Verlobung dem Schwiegervater und dessen Familie zahlt (Gen 34, 12; 1 Sam 18, 25), als Entschädigung, Kaufpreis oder Geschenk aufzufassen ist, bleibt unklar; (E. Lövestam, BHHB I, 369).

[105] Jer 2, 32; Hos 8, 14; Jes 51, 13.

[106] Hos 2, 4 ff. 15 ff. 18 f.

[107] Besonders das Richterbuch zeigt, wie Israel sich in der Not zu Jahwe wendet, um von seinen Feinden befreit zu werden. In Friedenszeiten fällt es von Jahwe ab, aber in der Not erinnert es sich an ihn, um daraus befreit zu werden (Ri 3, 7—11).

[108] Vgl. Hos 2, 10 f.

[109] Dt 6, 4 f.

[110] Hos 10, 2. Vgl. G. v. Rad, Theologie des AT I, 207: „In diesem Wort von dem Eifer Jahwes kommt also für Israel zweierlei zum Ausdruck: die Zuwendung Jahwes zu ihm – es ist ja von ihr bei Hosea wie von der Leidenschaft eines Liebenden die Rede! –, aber auch die Drohung für den Fall, daß sich Israel ihm nur mit geteiltem Herzen überlassen sollte. Dieser intolerante Ausschließlichkeitsanspruch ist religionsgeschichtlich ein Unikum, denn die antiken Kulte waren gegeneinander duldsam und ließen den Kultteilnehmern freie Hand, sich auch noch bei anderen Gottheiten einer Segnung zu versichern."

[111] H. Haag, Bibel-Lexikon, Sp. 361: „Doch fehlt es in späterer Zeit nicht an Andeutungen, aus denen hervorgeht, daß die Einehe als vollkommener betrachtet wird. So erklärt das AT selbst Gen 2, 24 im Sinne einer Empfehlung der Einehe (Tob 8, 6 ff.; 7, 12). Die prophetische Darstellung des Verhältnisses zwischen Jahwe und Israel unter dem Bild einer Ehe setzt die Einehe voraus (Hos 2, 18–23; Jer 2,2; 3, 7; Ez 16, 8; Jes 50, 1; 54, 5; 62, 5)."

[112] Vgl. Ex 19, 4 ff.; Am 3, 1 f.

[113] Jes 49, 14 ff.

[114] Jes 51, 22 f.; 52, 5 f.

[115] Jes 40, 3 ff.

[116] Jes 52, 7 ff.

[117] Vgl. B. Reike, BHHB III, Sp. 2052: „In der Bibel sind Universalismus und Partikularismus keine exklusiven Gegensätze, sondern zwei Tendenzen, die sich ergänzen. Nach dem AT wurde die Welt vom selben Himmelsgott geschaffen (Gen 1, 1), der für Israel der Bundesgott ist (50, 24). Auch wo sein Gericht und seine Gnade auf die Völker erweitert werden, bleibt Israel im Zentrum (Am 1, 3–2, 3; Js 42, 1. 6; 49, 6 u. ö.)."

[118] Vgl. Hos 2, 18. 25. Mit den Fruchtbarkeitsriten ist eine Sexualisierung der Religion verbunden. G. v. Rad schreibt (Theologie des AT I, 36): „Aber am erstaunlichsten muß dem Religionshistoriker die Selbsterhaltung des Jahwekultus gegenüber der Mythisierung des Sexuellen erscheinen. Paarung und Zeugung wurden im kanaanäischen Kultkreis als ein gottheitliches Geschehen mythisch angeschaut; demgemäß war die religiöse Atmosphäre geradezu gesättigt mit mythisch-sexuellen Vorstellungen. Aber Israel hat sich an der ‚Divinierung' des Geschlechtlichen nicht beteiligt."

[119] Das Bundesbuch (Ex 20, 22–23, 32) beginnt mit einer Einschärfung des ersten Gebotes, mit dem Verbot des Götzendienstes. Daran schließt sich eine Vorschrift an, die folgendermaßen lautet: „Du sollst mir einen Altar aus Erde bauen und darauf deine Brandopfer und deine Gemeinschaftsopfer darbringen, die du aus deinen Schafen und Rindern nimmst. An jeder Stätte, an der ich meines Namens gedenken lasse, will ich zu dir kommen und dich segnen." Hier wird also vorgeschrieben, daß an vielen Orten Jahwe mit Opfern verehrt werden soll.

[120] Ez 20, 28 ff.; 6, 6; Jer 19, 5; 2 Kön 17, 9–13.

[121] Dt 12, 2 ff.

[122] Die Beurteilung der Könige Israels hängt von ihrem Verhältnis zum Höhenkult ab und zu den Heiligtümern des Nordreiches. Nur diejenigen, die den Höhenkult abgeschafft haben, werden positiv beurteilt (2 Kön 18, 3 f.; 23, 8 ff.). Dagegen wird das Lob des Asa eingeschränkt (1 Kön 15, 14 f.), weil er zwar den Götzendienst, nicht aber die Höhenheiligtümer abgeschafft hat.

[123] Nach G. v. Rad sind diese Höhenkulte „reine Fruchtbarkeitskulte, wie sie einer bäuerlichen Bevölkerung angemessen waren" (Theol. d. AT I, 31). Die Verehrung Jahwes an den Höhenheiligtümern geschah in einer Vermengung mit dem Baalskult, die das Besondere des Jahwe-Kultes aufhob (a. a. O. 334). „Die Erkenntnis, daß es zwischen beiden Kultformen nur ein Entweder-Oder gab, war in jener späten Zeit durch das Deuteronomium zum status confessionis geworden." Wellhausen dagegen hielt die Abschaffung des Opferkultes auf den Höhen für eine Säkularisierung des gesamten Lebens.

[124] Nach G. Fitzer (BHHB II, 736) wurde „auf den Höhen Baals- und anderer Götzendienst getrieben (1 Kön 18, 19 ff.) bis hin zum Kinderopfer (Jer 32, 35). Die kultische Verehrung einheimischer Götter auf den Höhen schloß Fruchtbarkeitsriten ein, die mit Hierodulen vollzogen wurden. Dieses Kadeschenwesen wird in Israel verboten (Dt 23, 18 f.)."

[125] Vgl. M. Noth, Geschichte Israels, 123 f. 238 f.

[126] Hos 2, 18 f.

[127] Am 2, 7 f.

[128] Eph 5, 25 ff.; vgl. ferner mit Ijob 31, 1; mit Mt 5, 28; vgl. Ijob 24, 15; Ps 50, 18; 1 Kor 6, 9.

[129] Hos 2, 21 f.; Jes 55, 3; Jer 50, 5; vgl. 33, 20.

[130] Ps 136.

[131] Vgl. Hos 1, 9.

[132] Vgl. Hos 2, 4.

[133] Vgl. Hos 2, 9. 17.

[134] Hos 2, 21 f.

[135] Jer 32, 40; 50, 5; Ez 16, 60; 37, 26; Jes 55, 3.

[136] Israel erscheint als Braut Gottes (Jes 49, 18; 61, 10; 62, 5; Jer 2, 2. 32). Dieses Bild wird im Neuen Bunde aufgenommen (Joh 3, 29; Offb 21, 2. 9; 22, 17).

[137] Jer 31, 3.

[138] Jer 31, 33.

[139] Ez 37, 23.

[140] Ez 36, 25 ff.

[141] Jes 54, 5.

[142] Hos 2, 4 ff.

[143] Jes 40, 1 f.; Hos 2, 16 f.

[144] Mt 25, 1–13; Offb 19, 7.

[145] Gen 12, 1–3.

[146] Dt 26, 5.

[147] Jes 10, 20–23.

[148] Jes 54, 1 ff.

[149] Jes 54, 6.

[150] Jes 53, 12.

[151] „Kinder sind eine Gabe und Belohnung Gottes (Gen 33, 5; Ps 127, 3)". Vgl. V. Hasler, BHHB II, Sp. 947 f.

[152] 1 Sam 1,8. 11. 15.

[153] Jes 54, 1.

[154] Die Hochschätzung der Jungfräulichkeit (Lev 21, 13; Ez 44, 22; Dt 22, 17; Gen 24, 16) deutet auf die Einmaligkeit der ehelichen Liebe hin (vgl. Ez 23, 3).

[155] Die Israeliten, die die Götzen verehren, werden zu Scheusalen wie ihre Geliebten (Hos 9, 10).

[156] Die Frucht, die Gott von dem Bundesvolk empfängt, ist die Liebe. Diese Liebe kann wie ein überraschender Fund erscheinen: „Wie Trauben in der Wüste, so fand ich Israel. Wie die ersten Feigen am Feigenbaum, so schaute ich eure Väter" (Hos 9, 10). Die Liebe Israels drückt sich in Tatsachen aus: „So spricht Jahwe: Noch denke ich an die Treue deiner Jugend, an die Liebe deiner Brautzeit, wie du hinter mir herzogst in der Wüste, im Land ohne Aussaat" (Jer 2, 2). Damals war Israel Jahwes heiliger Besitz, die Erstlingsgabe seiner Ernte.

[157] Vgl. M. Buber, Königtum Gottes, ³1956, 98 f.: „Der Sinai-Bund darf demnach so aufgefaßt werden, wie der Zusammenhang der Erzählung ihn aufgefaßt sehen will ... Die neue Situation ist dadurch gekennzeichnet, daß es nunmehr ein Volk Israel gibt, befähigt, Partner eines sakral-rechtlichen Gegenseitigkeitsaktes zu sein."

[158] In dieser vorbehaltlosen Hingabe liegt die Bedeutung der Taufe. Paulus sagt: „Nun lebe nicht mehr ich, sondern Christus lebt in mir." Die in Christus offenbarte Liebe Gottes ermöglicht dem Menschen ein neues Leben, das das Sterben des alten, isolierten Menschen voraussetzt (Gal 2, 19 ff.).

[159] Die Formulierungen der Genesis (Gen 1, 26 ff.; 2, 18. 24) sind zum Neuen Bunde hin offen. Sie offenbaren das Geheimnis des Menschen, der von Gott, der die Liebe ist, geschaffen wurde nach seinem Bilde, der darum zur Liebe und Einheit berufen und befähigt ist. Das Geheimnis der Gottebenbildlichkeit müßte bei allen Diskussionen über die Verwirklichung des Menschseins mehr berücksichtigt werden. In Christus wird nicht nur Gott, sondern auch das Wesen des Menschen geoffenbart.

[160] Diese Tatsache zeigt, daß es sich hier nicht um rein rationale Schlußfolgerungen handelt, sondern daß die Monogamie im Wesen des Menschen begründet ist und, wenn auch nur von ferne, aufleuchtet, wenn der Mensch mit Gott in ein tieferes Verhältnis tritt.

[161] G. v. Rad (Theologie d. AT I, 158) nennt die Urgeschichte „eine große Hamartiologie", die das „lawinenartige Anwachsen" der Sünde an typisierten Modellen anschaubar macht. „So ausführlich hat Israel sonst nie mehr von der Sünde gesprochen."

[162] Vgl. G. v. Rad, Theologie I, 159. Die Sünde ist zu einer Macht geworden, die wie ein wildes Tier auf den Menschen lauert (Gen 4, 7).

[163] Gen 4, 23 ff.

[164] Blutrache und Polygamie stehen in einem engen Zusammenhang. Vgl. Th. C. Vriezen, a. a. O.

[165] Vgl. M. Buber, Königtum Gottes, 6 Anm. 51.

[166] Gen 3, 6.

[167] Gen 6, 2.

[168] Gen 12, 12. 15.

[169] Vgl. Gen 13, 11: Lot entscheidet sich für die dem Paradiesesgarten ähnliche Jordanaue. Zu Abraham dagegen spricht Gott: „Das ganze Land, das du siehst, gebe ich dir und deinen Nachkommen für alle Zeiten" (Gen 13, 15).

[170] Gen 16, 2; vgl. 3, 17.

[171] Gen 2, 24.

[172] Vgl. DV, art. 12, 2.

[173] Vgl. N. Lohfink, Die Erzählung vom Sündenfall, in: Das Siegeslied am Schilfmeer, Christliche Auseinandersetzungen mit dem Alten Testament, Frankfurt/M. 1965, 90 f.

[174] Vgl. Ps 135; Jer 31, 2 f.

[175] Jer 31, 33. Diese und ähnliche Worte zeigen, daß Jahwe nicht vor der Sünde Israels kapituliert und auf die Bundesforderung verzichtet, sondern daß er sein Volk bekehrt, daß er die Bundestreue Israels bewirkt, um das Volk zu begnadigen.

[176] Gen 2, 23. Im Gegensatz zu der in der Schöpfung begründeten Zuneigung der Geschlechter zueinander steht das Begehren, das in der Sünde wurzelt (Gen 3, 16). Es wird mit demselben Wort ausgedrückt, mit dem in Gen 4, 7 das Verlangen der an der Türe lauernden Sünde ausgedrückt wird.

[177] Vgl. Gen 24,6. Auch in den folgenden Generationen darf der Aufbruch nicht rückgängig gemacht werden.

[178] Hos. 3, 3.

[179] Vgl. Hos 1—3.

[180] Vgl. G. v. Rad, Theologie I, 36 ff.

[181] Vgl. C. H. Gordon, Geschichtliche Grundlagen des AT, 100 f.

[182] Vgl. J. Bright, Geschichte Israels, 160.

[183] Vgl. H. Ringgren, Israelitische Religion, 226 f.; G. v. Rad, Theologie d. AT II, 28 f.

[184] M. Buber, Königtum Gottes, 174.

[185] Die enge Verbindung des nordisraelitischen Königshauses mit Tyrus war eine Einbruchsstelle für den Baalskult. Vgl. J. Bright, Geschichte Israels, 240 f.

[186] Vgl. M. Noth, Das dritte Buch Mose, ATD 6, 115 ff.

[187] Vgl. die Liste der todeswürdigen sexuellen Vergehen (Lev 20, 11 ff.); ferner M. Noth, Das dritte Buch Mose, ATD 6, 126 ff.

[188] Vgl. Gen 9, 18—27.

[189] Vgl. M. Noth, Das dritte Buch Mose, ATD 6, 116. „Es scheint danach so, als sei ursprünglich nicht ein bestimmt abgegrenzter Blutverwandtschaftskreis, sondern der Kreis, der normalerweise

in einer Großfamilie miteinanderlebenden und (in Zelten oder Häusern) beieinanderwohnenden Verwandten ins Auge gefaßt und als sei die Grundlage des Ganzen ein jede Promiskuität in diesem Bereich streng verbietendes Sippenethos gewesen, an dem Israel auch im Kulturlande im Gegensatz zu den im Zusammenhang mit ihren Fruchtbarkeitskulten wenig bedenklichen Angehörigen der ‚kanaanäischen' Stadtkultur festhielt im Bewußtsein dessen, daß das dem Willen seines Gottes entsprach, der ein ganz anderer war als die ‚kanaanäischen' Fruchtbarkeitsgottheiten."

[190] Tamar hält es für möglich, daß David sie ihrem Halbbruder Amnon zur Ehe gibt (2 Sam 13, 13). In der elohistischen Fassung der Abrahamsgeschichte, die schon unter dem Einfluß der Prophetie steht, wird zur Entlastung des nach dem Jahwisten (Gen 12, 13) Sara zur Lüge verleitenden Abraham angeführt, daß Sara wirklich, wie sie auf Bitten Abrahams angeben soll, seine Schwester ist, die Tochter seines Vaters (Gen 20, 12).

[191] Lev 20, 17.

[192] Vgl. Lev 18, 1–19.

[193] Sowohl im Heiligkeitsgesetz als auch im Gesetzesteil des Deuteronomiums steht am Beginn eine Vorschrift über die Kultstätte (Lev 17, 3 f.; Dt 12). Im Deuteronomium folgt auf den Abschnitt über die Kultuszentralisation die Vorschrift über die Bestrafung von falschen Propheten, die zum Abfall von Jahwe mahnen.

[194] Vgl. K. Koch, Die Priesterschrift von Exodus 25 bis Leviticus 16, Göttingen 1959, 101. „Auf jedem Blatt der Priesterschrift ist die Beglückung und das Staunen über die je und je im kultischen Bereich geschehene Gegenwart Jahwes spürbar, zugleich aber auch ein tiefes Erschrecken vor der Nähe des Gottes . . ."

[195] Der Verdacht des Dualismus, der im Zusammenhang mit „Humanae vitae" von Gegnern der Entscheidung des Papstes öfters geäußert worden ist, wird fragwürdig, wenn man die Bedeutung der geschlechtlichen Zucht im Alten Bund berücksichtigt, in dem dualistische Vorstellungen nicht in Betracht kommen.

[196] Vgl. E. Sellin/G. Fohrer, Einleitung in das AT, [10]1965, 241; ferner: A. Robert/A. Feuillet, Einleitung in die Heilige Schrift I, Wien 1963, 418 f.

[197] G. v. Rad, Theol. d. AT I, 312: „Eine straff gespannte Kette von Sünde und Leid zieht an dem Beschauer vorüber. Irgendein Wahn, eine Verlockung von Ehre oder andere Erfüllungen verstricken diese Menschen in Schuld, in der sie untergehen. So war es bei Amnon, bei Absalom, bei Adonia, bei Joab, bei Achitophel, bei Seba. Über allem steht die Schuld des Königs, sonderlich die an Uria und die Schwäche seinen Kindern gegenüber."

Den Sünden Davids entsprechen die Sünden seiner Söhne: dem Ehebruch mit Bethsabe (2 Sm 11, 1–25) die Vergewaltigung Tamars durch ihren Bruder Amnon (2 Sm 13, 1–22), dem Mord an Uria (2 Sm 12, 9) der Mord Absaloms an Amnon (2 Sm 13, 28). Schließlich „nimmt Absalom im Zuge eines Staatsaktes demonstrativ den Harem seines königlichen Vaters in Besitz" (2 Sam 16, 22).

[198] Vgl. Gen 2, 18–25.

[199] Die verhängnisvollen Beispiele neugierigen Sehens und eigenmächtigen Nehmens in der jahwistischen Urgeschichte und Abrahamsgeschichte sind aus dem geschlechtlichen Bereich genommen (Gen 4, 19; 6, 2 ff.; 12, 11–15; 16, 3; vgl. auch 19, 30 bis 38; 9, 20–25).

[200] Vgl. O. Eißfeldt, Einleitung in das Alte Testament, ²1956, 597.

[201] Vgl. E. Sellin/G. Fohrer, Einleitung in das AT, 10, 328 f.

[202] Die Betonung der Schönheit, die das beschreibende Lob im Hohen Lied prägt, ebenso wie die personale Begegnung der Liebenden, unterstreicht den personalen Charakter der Liebe, die „stark ist wie der Tod" (Hl 8, 6. Vgl. E. Sollin/G. Fohrer, a. a. O., 330).

[203] Jer 31, 31 ff.

[204] Vgl. 1 Kor 11, 25.

[205] Joh 13, 34.

[206] LG, art. 9.

[207] Ebd.

[208] LG, art. 6.

[209] LG, art. 7.

[210] Ebd.

[211] Mk 2, 19 f.

[212] Mk 2, 4 ff.

[213] Mk 2, 27 f.

[214] Mk 2, 17.

[215] Mt 25, 1–13.

[216] Mt 22, 1–14.

[217] 2 Kor 11, 1 f.

[218] Mt 25, 1–13.

[219] Vgl. E. Klostermann, Das Matthäusevangelium, ²Tübingen 1927, 199; anders W. Grundmann, Das Evangelium nach Matthäus, 516.

[220] „In diesem Zusammenhang verdienen die Hinweise von J. Jeremias Beachtung, daß Jesus nach Mk 2, 19 die Gemeinde der Gottesherrschaft nicht der Braut, sondern den Hochzeits-

gästen verglichen hat und die Beziehung zum Bräutigam-Messias weder im Alten Testament noch im frühen Judentum nachweisbar ist, so daß im Ursprung des Gleichnisses nicht mit einem allegorischen Ansatz zu rechnen ist" (W. Grundmann, a. a. O., 516).

221 Vgl. Offb 21, 9; 22, 17.

222 Vorbedingung für die Hoffnung ist die Wachsamkeit, die Bereitschaft. Ausgeschlossen von dem himmlischen Hochzeitsmahl werden die Schläfrigen und die in irdische Geschäfte verstrickt sind (Mt 22, 1–13).

223 Joh 15, 12.

224 Joh 17, 21.

225 Kol 3, 9–14; 1 Joh 3, 23 f.; 4, 12. 16.

226 Mk 10, 28–31.

227 „Einheit und Unauflöslichkeit der Ehe ergeben sich aus dem Wesen der Ehe als personaler Gemeinschaft totaler Hingabe, aus dem Zweck der Ehe und, diese Wesenseigenschaften der Ehe überhöhend, zwingend daraus, daß die Ehe in der Kraft sakramentaler Gnade die unaufhebbare Einheit von Christus und Kirche darstellt und nachvollziehen soll. Einheit und Unauflöslichkeit sind darum nicht als von außen kommende Forderungen noch als verfremdende Gesetzlichkeit gegen personale Liebe zu betrachten. Einheit bedeutet die Ausschließlichkeit der Ehe zwischen einem Mann und einer Frau" (H. Volk, LThK 3, Sp. 682 f.).

228 GS, art. 22; 32; 48.

229 „Liebe als personale Ganzhingabe an Menschen hat darum immer Gott zur Voraussetzung, weil Ganzhingabe innerlich zuerst auf Gott hin nötig, aber auch möglich ist, soll die Person sich dabei nicht selbst verlieren. Christus stellt die Urgestalt der Ehe nicht nur durch die Einschärfung der ethischen Forderung wieder her, sondern auch dadurch, daß er mit der Überwindung der Sünde die Ganzheit der Person, die über sich in gnadenhafter Freiheit verfügen kann, wieder heraufführt. Ohne diese innere Bestimmung der Person zur Ganzheit könnte der Ehestand nicht sakramental in das Verhältnis Christus–Kirche einbezogen sein" (H. Volk, a. a. O., 683).

230 E. Klostermann (Das Markusevangelium, 105) stellt die Frage, ob die Reihe von Sprüchen zur Jüngerbelehrung schon in einer Art Gemeinde-Katechismus überliefert war. Vgl. J. Schniewind, Das Evangelium nach Markus, 131 f.; 136 f.

231 Man kann das ganze Markusevangelium als Tauflehre betrachten. Elemente dieses Evangeliums sind in die Taufliturgie eingegangen, wie die Übergabe der Zehn Gebote (Mk 7, 10–13) und das „Epheta" mit entsprechendem Ritus (7, 31–37).

[232] Mk 9, 33–50; 10, 1–12, 13–16.

[233] Mt 6, 24; 10, 36 ff.; Luk 9, 59 ff.; vgl. Dt 6, 4 f.; Hos 10, 2.

[234] Die Spaltung wurzelt im eigenmächtigen Nehmen des Menschen (Gen 3, 6; 6, 1–4). Sie wird im Turmbau (Gen 12, 1–8) vollendet und wird durch die Gabe des Geistes, den sich kein Mensch nehmen kann, geheilt (Apg 2, 1 ff.).

[235] Vgl. R. Grob, Einführung in das Markusevangelium, 151. „Hier spricht der Christus, in dem die Schöpfung des Menschen ihren Anfang und ihre Vollendung findet, von dem Geheimnis, wie die Erschaffung des Menschen in unsere Zeit hineinwirkt. ‚Als Mann und Frau schuf er sie' (1 Mose 1, 27), beide nach Gottes Bild, beide verschieden, jedes gleichsam nur einen Teil des ganzen Menschenbildes darstellend, aber beide zu einer Einheit verbunden. Und diese wundersame Einheit leuchtet in der Ehe als ein Abglanz der Schöpfung immer wieder auf."

[236] Mk 16, 11–14.

[237] Manche Zeichen im Markusevangelium sind transparent für das Geschehen der Taufe (Mk 7, 31–37; 8, 22–26). Mitten unter diesen Zeichen steht die Rüge der Herzenshärte der Jünger, die nicht verstehen (Mk 8; 17 f.). Sie kann nicht von Menschen, sondern nur von Christus geheilt werden.

[238] R. Grob, Einführung in das Markusevangelium, 151. „So begründet der Herr die unauflösliche Einheit der Ehe nicht mit einem Zweck oder sittlichen oder gar juristischen Erwägungen, sondern mit der Schöpfungstat Gottes: ‚Was nun Gott zusammenfügte, soll der Mensch nicht trennen'."

[239] Gen 1, 26 f.

[240] Gen 2, 24.

[241] R. Grob (a. a. O., 151 f.): „Der Gottessohn, in dem die Treue Gottes leibhaftig Gestalt angenommen hat, verkündet als lichte Verheißung die Treue des Vaters, die in der unverbrüchlichen Treue von Mann und Frau ihren Widerschein finden soll."

[242] „Auch die Unauflöslichkeit der Ehe ist zwar am deutlichsten erkennbar und begründet in ihrem sakramentalen Gehalt, sie entspricht aber schon der Natur der Ehe in ihrer Vollgestalt. Denn ... die eheliche Gemeinschaft (hat) einen den ganzen Menschen bestimmenden Durchgriff, eine Stand bildende Kraft. Solcher Stand als bleibende Bestimmung und Verfaßtheit ist aber keine Minderung des Personalen, weil Entscheidung und Entschiedenheit der Person zukommt" (H. Volk, LThK 3, Sp. 683).

[243] Mk 10, 11 f. Die gesetzhafte Formulierung zeigt, daß die unauflösliche Einheit von Markus nicht nur als Zielgebot verstanden wird.

[244] 1 Kor 7, 10 f. Paulus gibt die Überlieferung der Urkirche in bezug auf das Eherecht weiter.

[245] Vgl. GS, art. 12. „Aber Gott hat den Menschen nicht allein geschaffen, denn von Anfang an ‚schuf er sie als Mann und Frau' (Gen 1, 27), deren Verbindung die erste Form der Personalgemeinschaft bewirkt. Der Mensch ist nämlich aus seiner innersten Natur ein soziales Wesen, und ohne Beziehung zu den anderen kann er weder leben noch seine Gaben zur Entfaltung bringen." Zur Würde der menschlichen Person gehört die Beziehung zum Mitmenschen wesentlich hinzu.

[246] Der amerikanische jüdische Psychologe E. Fromm („You shall be as Gods", New York 1966) versucht eine radikale Neuinterpretation des Alten Testamentes und seiner Tradition. Er will den Charakter des Alten Testamentes als entschiedener Atheist neu erheben. Er sieht die Frucht der Schrift des Alten Bundes in der Befreiung des Menschen zur Liebe.

[247] Vgl. GS, art. 24: „Wenn der Herr Jesus zum Vater betet, daß alle eins seien, wie auch wir eins sind (Joh 17, 21–22), und damit Horizonte aufreißt, die der menschlichen Vernunft unerreichbar sind, läßt er eine Ähnlichkeit aufleuchten zwischen der Einheit der göttlichen Personen und der Einheit der Kinder Gottes in der Wahrheit und in der Liebe. Dieser Vergleich enthüllt, daß der Mensch, der auf Erden die einzige von Gott um ihrer selbst willen gewollte Kreatur ist, sich nur durch die aufrichtige Hingabe seiner selbst vollkommen finden kann". Vgl. Luk 17, 33. Die sakramentale Ehe ist also eine dem Wesen des Menschen zutiefst entsprechende Realisierung seines Lebens.

[248] Mk 10, 9.

[249] Die in den Berufungsberichten von Jeremia und Deuterojesaja (Jer 1, 4 ff.; Jes 49, 1 ff.) angelegte Erkenntnis, daß das Leben jedes Menschen von Anfang an in den Plänen Gottes vorausbestimmt ist, wirkt in Eph 3, 8 ff. ebenso weiter wie in Kol 1, 16 ff. und Joh 1, 1 ff.: Alles ist in Christus erschaffen, auch die Einheit der Menschen mit und in Gott.

[250] Der normale Mensch ist nicht der von Gott getrennte Mensch. Der Mensch ist für Gott und die Gemeinschaft mit ihm erschaffen. Deshalb sind die Fortschritte, die von den Menschen in der Gemeinschaft mit Gott gemacht werden, eine Wirklichkeit, die Sinn und Ziel des Lebens für alle aufleuchten lassen.

[251] Vgl. 1 Kor 7, 29; Eph 5, 25.

[252] Die Verbindung von Recht und Bund im Alten Testament zeigt, daß Liebe und Recht keine Widersprüche sind, sondern zusammengehören.

[253] Niemand kann wirklich an den Neuen Bund im Blute Christi glauben, ohne die Konsequenzen für das menschliche Leben und die menschliche Gesellschaft und damit auch für die Ehe zu bejahen und zu wollen.

[254] Die Tatsache, daß alles kirchliche Recht in der Sendung der Kirche durch Christus gründet, dürfte nicht aus den Augen verloren werden. Da die Sendung der Kirche durch Christus nur im Glauben erkannt werden kann, muß die personale Grundlage des Kirchenrechtes im Bewußtsein bleiben.

[255] Hier müßte beachtet werden, was I. Fr. Görres im ersten Band dieser Reihe („Was Ehe auf immer bindet", Berlin 1971, 51 ff.) schreibt.

GERHARD SCHNEIDER

## EHE UND EHESCHEIDUNG NACH DEM NEUEN TESTAMENT

[1] Zum Thema „Ehe im NT" vgl. H. Preisker, Christentum und Ehe in den ersten drei Jahrhunderten, Berlin 1927; E. Stauffer, γαμέω, γάμος, in: ThWI (1933), 646–655; J.-J. von Allmen, Maris et femmes d'après S. Paul, Neuchâtel 1951; P. Chanson, Le mariage selon S. Paul, Paris 1954; K. H. Rengstorf, Mann und Frau im Urchristentum, Köln 1954; B. Reicke, Neuzeitliche und neutestamentliche Auffassung von Liebe und Ehe: Novum Testamentum 1 (1956), 21–34; H. Greeven, Zu den Aussagen des Neuen Testaments über die Ehe: Ztschr. f. ev. Ethik 1 (1957), 109–125; J. Michl, Ehe (III. Im Neuen Testament), in: LThK² III (1959), 677–680; A. Oepke, Ehe I (Institution), in: RAC IV (1959), 650–666; R. Schnackenburg, Die sittliche Botschaft des Neuen Testaments, München ²1962, 100–109; P. Grelot, Mann und Frau nach der Heiligen Schrift, Mainz 1964; A. Isaksson, Marriage and Ministry in the New Temple. A Study with Special Reference to Mt 19, 3–12 and 1 Cor 11, 3–16, Lund 1965; K. H. Schelkle, Ehe und Ehelosigkeit im Neuen Testament, in: Ders., Wort und Schrift, Düsseldorf 1966, 183 bis 198; H. Baltensweiler, Die Ehe im Neuen Testament. Exegetische Untersuchungen über Ehe, Ehelosigkeit und Ehescheidung, Zürich 1967; J. B. Bauer, Ehe, in: Bibeltheologisches Wörterbuch, hrsg. von J. B. Bauer, Graz ³1967, 234–242; R. Pesch, Die neutestamentliche Weisung für die Ehe: Bibel und Leben 9 (1968), 208–221; Greeven/Ratzinger/Schnackenburg/Wendland, Theologie der Ehe, Regensburg/Göttingen 1969 (zitiert als: Greeven/Ratzinger; darin die Beiträge: H. Greeven, Ehe nach dem Neuen Testament, 37–79; R. Schnackenburg, Die Ehe nach dem Neuen Testament, 9–36); H.-D. Wendland, Ethik des Neuen Testaments. Eine Einführung, Göttingen 1970, bes. 25 f. 76–80.

[2] Greeven, Ehe nach dem Neuen Testament, 57. Zum Thema „Ehescheidung“ sind vor allem die folgenden Arbeiten zu vergleichen: A. Ott, Die Auslegung der neutestamentlichen Texte über die Ehescheidung, Münster 1911; J. Bonsirven, Le divorce dans le Nouveau Testament, Tournai/Paris 1948; G. Bornkamm, Ehescheidung und Wiederverheiratung im Neuen Testament, in: Ders., Geschichte und Glaube, 1. Teil, München 1968, 56–59 (erstmalig 1959); J. Dupont, Mariage et divorce dans l'Évangile. Matthieu 19, 3–12 et parallèles, Bruges 1959; A. Alberti, Matrimonio e divorzio nella Bibbia, Milano 1962; Th. V. Fleming, Christ and Divorce: Theol. Studies 24 (1963), 107–120; David/Schmalz (Hrsg.), Wie unauflöslich ist die Ehe? Eine Dokumentation, Aschaffenburg 1969 (zitiert als: David/Schmalz); R. N. Soulen, Marriage and Divorce. A Problem in New Testament Interpretation: Interpretation 23 (1969), 439–450; G. Teichtweier, Unauflöslichkeit der Ehe?: Theol. d. Gegenwart 12 (1969), 125–135; P. Hoffmann, Jesu Wort von der Ehescheidung und seine Auslegung in der neutestamentlichen Überlieferung: Concilium 6 (1970), 326–332; U. Nembach, Ehescheidung nach alttestamentlichem und jüdischem Recht: Theol. Ztschr. 26 (1970), 161–171; Weil/Pesch/Gründel/Gerhartz/Häberle, Zum Thema Ehescheidung, Stuttgart 1970; G. Schneider, Jesu Wort über die Ehescheidung in der Überlieferung des Neuen Testaments: Trierer Theol. Ztschr. 80 (1971), 65–87. Letztere Abhandlung liegt dem Folgenden weithin zugrunde.

[3] Zu den sog. matthäischen „Unzuchtsklauseln“, die eine Scheidung im Falle von „Unzucht“ erlauben, vgl. die recht umfangreiche Literatur: A. Ott, Die Ehescheidung im Matthäus-Evangelium, Würzburg 1939; K. Staab, Die Unauflöslichkeit der Ehe und die sog. „Ehebruchsklauseln“ bei Mt 5, 32 und 19, 9, in: Festschrift für E. Eichmann, Paderborn 1940, 435–452; J. Sickenberger, Die Unzuchtsklausel im Matthäusevangelium: Theol. Quartalschrift 123 (1942), 189–206; A. Allgeier, Die crux interpretum im neutestamentlichen Ehescheidungsverbot. Philologische Untersuchung zu Mt 5, 32 und 19, 9: Angelicum 20 (1943), 128–142; K. Staab, Zur Frage der Ehescheidungstexte im Matthäusevangelium: Ztschr. f. kath. Theol. 67 (1943), 36–44; A. Fridrichsen, „Excepta fornicationis causa“ (Mt 5, 32): Svensk Exegetisk Arsbok 9 (1944), 54–58; U. Holzmeister, Die Streitfrage über die Ehescheidungstexte bei Matthäus 5, 32; 19, 9: Biblica 26 (1945), 133–146; T. Schwegler, De clausulis divortii: Verbum Domini 26 (1948), 214–217; J. Sickenberger, Zwei neue Äußerungen zur Ehebruchsklausel bei Mt: Ztschr. f. d. ntl. Wissenschaft 42 (1949), 202–209; B. Vawter, The Divorce Clauses in Mt 5, 32 and 19, 9: Cath. Bibl. Quarterly 16 (1954), 155–167; A. Vaccari, De matrimonio et divortio apud Matthaeum: Biblica 36 (1955), 149–151; B. Leeming/R. A. Dyson, Except it be for Fornication: Scripture 8 (1956), 75–82; J. B. Bauer, Eheschei-

dung wegen Ehebruch? Die Ehebruchsklauseln Mt 5, 32 und 19, 9: Bibel und Liturgie 24 (1956/57), 118–121; H. Baltensweiler, Die Ehebruchsklauseln bei Matthäus: Theol. Ztschr. 15 (1959), 340–356; F. Hauck/S. Schulz, πόρνη κτλ., in: ThW VI (1959), 579–595; M. Zerwick, De matrimonio et divortio in Evangelio: Verbum Domini 38 (1960), 193–212; J. B. Bauer, Die matthäische Ehescheidungsklausel (Mt 5, 32 und 19, 9): Bibel und Liturgie 38 (1964/65), 101–106; Ders., De coniugali foedere quid edixerit Matthaeus?: Verbum Domini 44 (1966), 74–78; A. Mahoney, A New Look at the Divorce Clauses in Mt 5, 32 and 19, 9: Cath. Bibl. Quarterly 30 (1968), 29–38; J. Moingt, Ehescheidung „auf Grund von Unzucht" (Matth 5, 32/19, 9), in: David/Schmalz, 178–222 (erstmalig 1968); A. Sand, Die Unzuchtsklausel in Mt 5, 31. 32 und 19, 3–9: Münch. Theol. Ztschr. 20 (1969), 118–129.

[4] J. Ratzinger, Zur Theologie der Ehe, in: Greeven/Ratzinger, 81–115, Zitat: 111 f.

[5] K. Rahner, Exegese und Dogmatik, in: Exegese und Dogmatik, Mainz 1962, 25–52, Zitat: 43. Zu Unrecht hält Nembach (a. a. O. 169–171) die Unzuchtsklauseln im Munde Jesu für ursprünglich und setzt außerdem „Unzucht" einfach mit „Ehebruch" gleich.

[6] Vgl. dazu Pierre von Chersones, Ehescheidung in der Theologie und im Kirchenrecht der orthodoxen Kirche, in: David/Schmalz, 337–351.

[7] Wohl im Anschluß an Mk 10, 11!

[8] Greeven, Ehe nach dem Neuen Testament, 67.

[9] Vgl. Greeven, a. a. O. 68.

[10] Sand (a. a. O. 124 Anm. 38) hält z. B. „ihr gegenüber" für einen redaktionellen Zusatz.

[11] Vgl. den Artikel: Recht, in: Lexikon der alten Welt, Zürich 1965, 2516–2560 (2523. 2544).

[12] R. Bultmann, Die Geschichte der synoptischen Tradition, Göttingen [5]1961, 140. Vgl. Schnackenburg, Die Ehe, 16, der mit Recht betont, Markus gebe mit seinem Verfahren zu erkennen, „daß er das Wort Jesu in einem strikten Sinn als wirkliches, in den Verhältnissen dieser Welt zu verwirklichendes Gebot Jesu auffaßt".

[13] Greeven, a. a. O. 71.

[14] Ebd.

[15] Siehe H. Conzelmann, Der erste Brief an die Korinther, Göttingen 1969, 145.

[16] Die *Frau* soll den Mann nicht *wegschicken;* der (ungläubige) *Mann scheidet sich!*

[17] Conzelmann, a. a. O. (145).

[18] Bultmann, a. a. O. 138. Hoffmann, a. a. O. 326, meint: „Jesus benutzt in diesen Logien zwar die Gesetzessprache, ‚verfremdet' sie aber, um die gesetzliche Ebene zu durchstoßen und die Wirklichkeit der zwischenmenschlichen Beziehung aufzudecken, in der Gott den Menschen unmittelbar beansprucht."

[19] Bultmann, a. a. O. 139.

[20] Ebd. 140. Zur genaueren formgeschichtlichen Einordnung der gesetzlichen Herrenworte hat E. Käsemann die Arbeit: Sätze heiligen Rechtes im Neuen Testament, New Test. Studies 1 (1954/55), 248–260, vorgelegt. Er anerkennt den Rechtsstil dieser Sätze, erklärt sie aber nicht als Gemeinderecht, sondern will in ihnen prophetisch-eschatologisches Recht erkennen. Mit Bultmann und Käsemann setzt sich nun K. Berger kritisch auseinander: Zu den sogenannten Sätzen heiligen Rechts, New Test. Studies 17 (1970/71), 10–40. Berger erkennt die unausgesprochenen Voraussetzungen bei Käsemann, daß es sich einerseits um Rechtssätze handle und daß es andererseits bei Jesus und in der frühen Gemeinde keine Gesetzlichkeit und Kasuistik gegeben haben dürfe. Für Käsemann lag der Ausweg aus diesem Dilemma in der Annahme eines geistgewirkten heiligen Rechts. Berger kommt zu dem Ergebnis: „Nun fällt die Notwendigkeit einer solchen These dahin, wenn man zeigt, daß es sich gar nicht um Rechtssätze handelt. Davon abgesehen hat aber auch die 2. Voraussetzung, die Ausschließung von Kasuistik usw. bei Jesus, nur postulatorischen Charakter" (34). Sätze wie Mt 5, 32 und Mk 10, 11 f. stammen – so argumentiert Berger (28–30) – aus der Paränese. Sie wollten aufklären und belehren, über die wahren Ausmaße des Handelns orientieren. Der Ursprung dieser „Form" liege in der weisheitlichen Literatur. Immerhin muß auch Berger (14 f.) einräumen, daß Mk 10, 11.12 und Mt 5, 32 alttestamentlichen Rechtssätzen der sog. Gesetzeskorpora verwandt zu sein scheinen und daß Lk 16, 18 zeigt, wie ein Satz dieser Art im Zusammenhang mit Sätzen über das Gesetz genannt werden kann. In der Logienquelle zeigt der Satz in kasuistischer Weise die Weitergeltung eines Dekaloggebotes an.

[21] Conzelmann (a. a. O. 144) betont, das Wort werde bei Paulus „nicht zur kasuistischen Regel, wie die folgenden Anwendungen zeigen". Aber das vorpaulinische Herrenwort hat schon *(kasuistisch!)* den Fall der Frau, die sich scheiden will, aufgenommen.

[22] Ihr folgt Schnackenburg, Die Ehe, 11. Vgl. Baltensweiler, Die Ehe, 68 f.; Hoffmann, Jesu Wort, 326.

[23] Vgl. (Strack/)Billerbeck, Kommentar zum Neuen Testament aus Talmud und Midrasch. Bd. I, München $^{2}$1956, 303–321.

[24] Vgl. H. Schürmann, „Wer daher eines dieser geringsten Gebote auflöst ..." – Wo fand Matthäus das Logion Mt 5, 19?: Bibl. Ztschr. 4 (1960), 238–250 (246).

[25] Siehe dazu vor allem Baltensweiler, Die Ehe, 43–77; Pesch, Die neutestamentliche Weisung; Schnackenburg, Die Ehe, 12 bis 16; Greeven, Ehe nach dem Neuen Testament, 57–66.

[26] Schnackenburg, a. a. O. 13.

[27] Vgl. H. J. Schoeps, Restitutio principii as the Basis for the Nova lex Jesu: Journal of Bibl. Literature 66 (1947), 453–464.

[28] Siehe hierzu auch G. Delling, Das Logion Mark. X 11 (und seine Abwandlungen) im Neuen Testament: Novum Testamentum 1 (1956), 263–274. E. Bammel, Markus 10, 11 f. und das jüdische Eherecht: Ztschr. f. d. ntl. Wisssenschaft 61 (1970), 95–101, will zeigen, daß auch wenigstens im hellenistischen Judentum eine Scheidung von seiten der Frau möglich war (Josephus, Ant. XV § 259, und zwei Papyri aus Elephantine). Doch das dürfte auf nichtjüdischen Einfluß zurückzuführen sein.

[29] Siehe J. Schmid, Markus und der aramäische Matthäus, in: Synoptische Studien, FS für A. Wikenhauser, München 1953, 148–183 (177–182).

[30] Vgl. H. Zimmermann, Μὴ ἐπὶ πορνείᾳ (Mt 19, 9) – ein literarisches Problem. Zur Komposition von Mt 19, 3–12: Catholica 16 (1962), 293–299.

[31] Siehe oben Anm. 3.

[32] So etwa von Ott in seinen beiden Monographien. Auch die Deutung, Jesus sehe in seiner Stellungnahme vom Fall der Unzucht überhaupt ab (dazu Sand, a. a. O. 121.124 f.), überzeugt nicht; vgl. Hauck/Schulz, a. a. O. 592 Anm. 75.

[33] Siehe Dupont, Mariage, 103–106.

[34] Vgl. G. Schneider, Botschaft der Bergpredigt, Aschaffenburg 1969, 46–48.

[35] J. Dupont, Les Béatitudes, Bd. I, Paris 1969 (Neudruck der 2. Aufl. von 1958), 120 f.

[36] 'aerwat-dābār wird von LXX mit ἄσχημον πρᾶγμα übersetzt. In neutestamentlicher Zeit stritten die Schulen Hillels und Schammais darüber, ob „etwas Widerwärtiges“ jegliche Mißfälligkeit der Frau (Hillel) oder Ehebruch bzw. unzüchtige Handlungen (Schammai) als Ehescheidungsgrund meine. Der Text von Dt 24, 1, der ja über die Ehescheidung selbst nichts bestimmen will, wollte jedenfalls mit der betreffenden Wendung den Ehescheidungsgrund nicht genau festlegen. Vgl. dazu Hub. Junker, Deuteronomium, Würzburg 1952, 70.

[37] Siehe Greeven, Ehe nach dem Neuen Testament, 62: „Was immer mit πορνεία in Mt 19, 9 und 5, 32 gemeint sein mag; es will sicherlich Anspielung auf Dt 24, 1 sein.“

[38] Vgl. Sand, a. a. O. 122.127. Allerdings kann die Klausel tatsächlich eine Toraverschärfung bedeuten, wenn sie im Sinne von Baltensweiler (Die Ehe, 100 f.) interpretiert wird. Gegenüber der

jüdischen Proselytenpraxis, die gewisse Inzest-Ehen tolerierte, würde dann bei Matthäus die Scheidung derartiger Ehen rigoros gefordert.

[39] Siehe Mt 15, 19, wo die beiden Termini nebeneinander stehen. Vgl. auch F. Hauck, μοιχεύω κτλ., in: ThW IV (1942), 737–743; G. Delling, Ehebruch, in: RAC IV (1959), 666–677; Hauck/Schulz, πόρνη κτλ., in: ThW VI (1959), 579–595 (591: für die matthäischen Klauseln gilt, daß mit „Unzucht" „außerehelicher Geschlechtsumgang der Frau" gemeint ist).

[40] Vgl. Sand, a. a. O. 125–127.

[41] So vor allem Baltensweiler, Die Ehe, 92–102, im Gefolge von Bonsirven.

[42] Baltensweiler (Die Ehe, 94–102) kann zeigen, daß im Judentum die Ehe naher Verwandter als „Unzucht" galt (Lev 18). Trat ein Heide, der in solcher Inzestehe lebte, zum Judentum über, so konnte diese Ehe toleriert werden. Der Proselyt ist nach seinem Übertritt „wie ein neugeborenes Kind", so daß auch die Verwandtschaft als nicht mehr bestehend angesehen werden kann. In der jungen Christenheit wurden hingegen nach Baltensweiler solche Verwandtenehen verboten (Aposteldekret) bzw. – falls sie bestanden – nicht geduldet. Die Schwierigkeit dieser Auslegung liegt vor allem darin, daß das Judentum Inzest-Ehen zwar als Unzucht ansah, sie aber nicht *zenut* (Unzucht) und auch nicht πορνεία nannte (Billerbeck II 729). Wenn wir πορνεία in Apg 15, 20. 29; 21, 25 auf solche Inzest-Ehen beziehen, was sich allgemein durchgesetzt hat, dann ist das dort aus dem Kontext heraus möglich, zumal Lukas in seinem Werk πορνεία niemals sonst verwendet. Das ist bei Matthäus anders, der in Mt 15, 19 (im Anschluß an Mk 7, 21) πορνεία eindeutig als *moralisches* Vergehen qualifiziert, im Unterschied zu Lukas, der die Mk-Stelle nicht bietet.

[43] Vgl. Sand, a. a. O. 128.

[44] Gegen Fridrichsen, a. a. O. 55 f., und Isaksson, a. a. O. 135.

[45] Zu dieser Übersetzung siehe Bauer, De coniugali foedere, 77 Anm. 2; Ders., Ehe, 236.

[46] Vgl. dazu Bauer, Ehe 236 f., der aber die Klausel wie Bonsirven und Baltensweiler auf „eine illegitime Ehe" bezieht – eine „scheinbare Ausnahme"!

[47] Siehe Schnackenburg, Die Ehe, 12 Anm. 4.

[48] So F. Hauck, Das Evangelium des Lukas, Leipzig 1934, 207.

[49] W. Grundmann, Das Evangelium nach Lukas, Berlin 1961, (Neudruck 1963), 324.

[50] Greeven, Ehe nach dem Neuen Testament, 72.

[51] Ebd. 67 Anm. 53.

[52] Vgl. dazu P. Dulau, The Pauline Privilege. Is it promulgated in 1 Cor?: Cath. Bibl. Quarterly 13 (1951), 146–152; Baltensweiler, Die Ehe, 191–196; Greeven, a. a. O. 74–77.

[53] Siehe Conzelmann, Brief an die Korinther, 145 Anm. 17.18.

[54] Vgl. ebd. (145) mit Anm. 20–22.

[55] Siehe Greeven, a. a. O. 76. Daß eine Wiederverheiratung nicht erwähnt ist, kann mit der Naherwartung der Parusie zusammenhängen; vgl. Hoffmann, Jesu Wort, 330.

[56] Siehe oben unter 4 a: In der Logienquelle stehen Lk 16, 18 und 17, 3 b–4 in einem losen Zusammenhang. Hoffmann (a. a. O. 330) meint zu 1 Kor 7: „Mag Paulus hier [Vers 11 a] generell eine Ausnahme zugestehen, mag er – was wahrscheinlicher ist – nur auf einen Einzelfall Bezug nehmen ..., in beiden Fällen modifiziert Paulus in der Auslegung das absolute Gebot, indem er die Situation eines einzelnen einbezieht."

[57] Greeven, a. a. O. 75 f.

[58] Schnackenburg, Die Ehe, 18.

[59] Zu diesem Abschnitt vgl. außer den Kommentaren F. Mußner, Christus, das All und die Kirche. Studien zur Theologie des Epheserbriefes, Trier 1955, 147–153; E. Neuhäusler, Das Geheimnis ist groß: Bibel und Leben 4 (1963), 155–167; J. Cambier, Le grand mystère concernant le Christ et son Église. Éphésiens 5, 22–33: Biblica 47 (1966), 43–90; 223–242.

[60] Siehe H. Schlier, Der Brief an die Epheser. Ein Kommentar, Düsseldorf 1957 ($^5$1965), 264.

[61] So richtig H. Conzelmann, Der Brief an die Epheser, in: Die kleineren Briefe des Apostels Paulus (Das Neue Testament Deutsch, $8^9$), Göttingen 1962, 56–91; hier 86.

[62] Die in der katholischen Auslegung lange herrschende Deutung war der Auffassung, mit „Geheimnis" sei die Ehe selbst gemeint, die man als mysterium (sacramentum) bezeichnet fand. Daß diese Deutung aus verschiedenen Gründen nicht zu halten ist, zeigte neuerdings Schnackenburg (Die Ehe, 28 f.).

[63] Siehe R. Batey, The ΜΙΑ ΣΑΡΞ Union of Christ and the Church: New Test. Studies 13 (1966/67), 270–281.

[64] Ratzinger, a. a. O. (vgl. Anm. 4) 88, sagt treffend: „Der Epheserbrief zieht ... im Grunde die prophetische Linie des Alten Testamentes aus, wenn er das Schöpfungsgeheimnis des Bundes von Mann und Frau als Bundesgeheimnis der Heilsgeschichte und so, im Zeichen Christi, als christologisches Bundesgeheimnis deutet und ihr Ethos nicht aus profanen Nützlichkeitserwägungen oder aus dem ‚Gesetz' zu gewinnen versucht, sondern es als Bundesethos aus dem Bundesgeheimnis Christus–Kirche ableitet und in ihm vorgegeben sieht."

## NACHTRAG

Während der Drucklegung des neutestamentlichen Beitrages ist die Diskussion um das Thema „Ehe und Ehescheidung im NT" weitergegangen. Auf eine inzwischen erschienene Arbeit sei besonders hingewiesen: R. Pesch, Freie Treue. Die Christen und die Ehescheidung, Freiburg 1971. Pesch meint, die matthäische Klausel schon der Redenquelle zuweisen zu können (Mt 5, 32), und versteht sie als „Ehebruchs"-Klausel (vgl. auch R. Pesch in: Christ in der Gegenwart 23 [1971], 243. 251). Lukas müßte die Klausel dann getilgt haben! – Zu Eph 5 siehe neuerdings: J. Gnilka, Der Epheserbrief (Herders Theol. Komm. zum NT, X/2), Freiburg 1971; J. P. Sampley, „And the Two Shall Become One Flesh". A Study of Traditions in Ephesians 5, 21–33, London 1971.

RICHARD HAUSER

## DIE UNAUFLÖSLICHKEIT DER EHE ALS PASTORALE SORGE

[1] Karl Rahner, Theoretische und reale Moral in ihrer Differenz. Handbuch der Pastoraltheologie II/1 (1966), 153 ff.

[2] Joseph Ratzinger, Zur Theologie der Ehe. In: Gerhard Krems und Reinhard Mumm, Theologie der Ehe, 91 f. Siehe auch: Heinrich Schlier, Der Brief an die Epheser, 276 f.

[3] Joseph Ratzinger, a. a. O., 92.

[4] Gaudium et spes, 48.

[5] Vgl. Hermann Volk, Das Sakrament der Ehe, 69 ff. Vgl. Georg Teichtweier, Unauflöslichkeit der Ehe? In: Theologie der Gegenwart 12 (1969), 133.

[6] Gertrude Sartory-Reidick, Kann die katholische Kirche die Ehescheidung dulden? In: Ehe. Zentralblatt für Ehe- und Familienkunde 6, 50. Vgl. Robert Gall, Fragwürdige Unauflöslichkeit der Ehe, 172.

[7] Franz Böckle, Die kirchliche Sorge für die Ehe. In: Handbuch der Pastoraltheologie IV, 79.

[8] Joseph Ratzinger, a. a. O., 106 f.

[9] J. Günter Gerhartz, Grundfragen kirchlicher Eherechtsreform. In: Weil/Pesch/Gründel/Gerhartz/Häberle, Zum Thema Ehescheidung, 93.

[10] Christian Duquoc, Die Ehe heute: Liebe und Institution. In: J. David/Franz Schmalz, Wie unauflöslich ist die Ehe?, 13.

[11] Joseph Ratzinger, a. a. O., 106.

[12] Robert Gall, Fragwürdige Unauflöslichkeit der Ehe?, 190.

[13] Hermann Volk, Artikel Ehe, LThK 3, 683.

[14] Vgl. Waldemar Molinski, Artikel Ehe, Sacramentum Mundi I, 977.

[15] Vgl. z. B. Philip Delhaye, Wiederheirat schuldlos Geschiedener? In: Theologie der Gegenwart 10 (1967), 32 ff.; Joseph Moingt, Ehescheidung „auf Grund von Unzucht". In: David/Schmalz, Wie unauflöslich ist die Ehe?, 178 ff.; Hans Bernhard Meyer, Können wiederverheiratete Geschiedene zu den Sakramenten zugelassen werden? In: Zeitschrift für Kath. Theologie 91 (1969), 121 ff.

[16] Jean Gaudemet, Le lien matrimonial: Les incertitudes du haut moyen âge. In: Revue de Droit Canonique. XXI 1–4 (1971), 105.

[17] Biagio Russo, Die Entscheidung im Zweiten Vaticanum und in der Rechtstradition der Kirche. In: David/Schmalz, Wie unauflöslich ist die Ehe?, 99 ff.

[18] Siehe dazu David/Schmalz, a. a. O., 158. 309.

[19] Gottlieb Söhngen, Gesetz und Evangelium, 99. Vgl. auch Walter Kasper, Gesetz und Evangelium, In: Sacramentum Mundi II, 369 ff.

[20] Rudolf Pesch, Die neutestamentliche Weisung für die Ehe. In: Bibel und Leben 9 (1968), 218.

[21] Rudolf Pesch, Freie Treue. Die Christen und die Ehescheidung (1971). Man ist betroffen und erstaunt, daß ein in seinem Fach anerkannter Theologe im letzten Drittel der Arbeit nach einer sachkundigen exegetischen Darstellung in so ungenügender, sachlich verkürzender und emotional erregter Weise pastoraltheologische Ableitungen zur Frage der Ehescheidung macht. Man wünschte, er hätte seine eigene Feststellung besser befolgt: „Es ist nicht Aufgabe des Neutestamentlers, in diesem Problemzusammenhang Vorschläge zu unterbreiten" (98).

[22] A. a. O., 99.

[23] A. a. O., 100 und 67.

[24] Heinrich Schlier, Zur Freiheit gerufen. In: Das Ende der Zeit (1971), 224.

[25] Theologisches Wörterbuch II, 497.

[26] Hermann Volk, Artikel Ehe, LThK III, 683.

[27] Peter Huizing, Unauflöslichkeit der Ehe. In: Concilium IV (1968), 584.

[28] Natürlich ist diese im Wort gegebene Treue immer neu aufgegeben und nichts fertig Besessenes. Aber jede gelebte Treue hat einen solchen Ursprung, eine einmal übernommene Verant-

wortung. Es ist mir deshalb nicht verständlich, wie Frau Gertrude Sartory sie als statisch und vergangenheitsbezogen abwerten kann und Treue ohne ihren Ursprung ein wenig modisch nur aktualistisch erklärt. „Verglichen mit dem alten Treueverständnis, nach dem man nur dem vertrauen kann, auf dessen einmal gegebenes Wort blindlings Verlaß ist, ist das neue Treueverständnis nicht mehr formalistisch, sondern realistisch, nicht statisch, sondern dynamisch, nicht vergangenheitsbezogen, sondern gegenwartsbestimmt" (Unauflöslichkeit der Ehe. In: Ehe unter Christen. Bühler Treffen IV, 20). Unlogischerweise ist hier versteinerte und gelebte Treue in die zeitliche Spanne von Vergangenheit und Gegenwart transponiert und dadurch die Bestimmung der Treue verfehlt. Entschiedenheit setzt immer Entscheidung voraus.

[29] Franz Böckle, Die kirchliche Sorge für die Ehe. In: Handbuch der Pastoraltheologie IV, 73.

[30] J. Günter Gerhartz, L'indissolubilité du mariage et sa dissolution par l'église dans la problematique actuelle. In: Revue de Droit Canonique XXI 1–4 (1971), 233.

[31] Gertrude Sartory-Reidick, Kann die katholische Kirche die Ehescheidung dulden?, a. a. O., 50.

[32] Vgl. N. Wetzel, Bemerkungen zur Unauflöslichkeit der Ehe. In: Diakonia 3 (1968), 277.

[33] Vgl. die Auffassung von Louis und Constance Dupré in David/Schmalz, a. a. O., 176, die meinen, man dürfe die Ehe als Institution hinreichend gesichert betrachten. Mag bei Verfahren kirchlicher Ehegerichte von dieser Ansicht ausgegangen werden, in der öffentlichen Meinung über die Ehe wird sie kaum gelten.

[34] So etwa Robert Gall, a. a. O., 197; Stephan J. Kelleher, a. a. O., 38; oder auch die neue Pastoral ungültiger Ehen in Holland.

[35] Rudolf Schnackenburg, Die Ehe im Neuen Testament. In: Greeven/Ratzinger/Schnackenburg/Wendland, Theologie der Ehe, 20 f.

[36] Josef Blank, Zum Problem „Ethische Normen" im Neuen Testament. Concilium 3 (1967), 361.

[37] Gottlieb Söhngen, a. a. O., 119.

[38] Siehe die Artikel von Stephan J. Kelleher, James R. Hertel, John T. Catoir und Ralph Brown in David/Schmalz, a. a. O., 28–76. Ferner Robert Gall, Fragwürdige Unauflöslichkeit der Ehe? Hierher gehört auch eine Entschießung der deutschen Offiziale vom Jahr 1966. „Die Offizialenkonferenz ist von der Sorge beunruhigt, daß die naturrechtlichen Pflichten, die ein Partner bei einer ungültigen Ehe gegenüber dem anderen Partner und den Kindern übernommen hat, gering geachtet werden, zugunsten der Feststellung der Nichtigkeit der Ehe durch die

kirchlichen Gerichte. Es sollten daher gesetzliche Vorkehrungen getroffen werden, daß diesen naturrechtlichen Pflichten Rechnung getragen wird.“ A. Scheuermann, Die Problematik der konfessionsverschiedenen Ehe. In: Theologie der Gegenwart 11 (1968), 152.

[39] A. Gommenginger, Zur Unauflöslichkeit der Ehe. In: David/Schmalz, a. a. O., 87.

[40] „Tatsächlich ist die Ausweitung, die die päpstliche Lösegewalt in bezug auf Naturehen in der jüngsten Vergangenheit erfahren hat, alles andere als erfreulich. Ich halte sie sogar für fatal. Aber meine Bedenken leiten sich aus pastoralen und pädagogischen Überlegungen her. Daß es sich bei den neuen Fällen nur um die äußersten Konsequenzen aus anerkannten Prinzipien handelt, läßt sich nicht bestreiten. Daß eine Grenze im Laufe der Zeit hinausgeschoben wurde, beweist nicht, daß es überhaupt keine Grenze gibt.“ Georg May, „Auflöslichkeit unauflöslicher Ehen“ und „Die Mischehe in ökumenischer Sicht“. In: Münchner Theologische Zeitschrift 20 (1969), 234 ff.

[41] Leo M. Groghan, Ist die Taufe der entscheidende Faktor? In: David/Schmalz, 238 ff. Auch Robert Gall, a. a. O., 139 f; Joh. Günter Gerhartz, Grundfragen kirchlicher Ehereform. In: Zum Thema Ehescheidung, 90 f.

[42] Denzinger-Schönmetzer, 2966; 3145; 3713.

[43] Karl Rahner, Schriften zur Theologie I (1968), 13 f.; 401 An.; V (1962), 505 f.

[44] Vgl. Ralph Brown, Das kirchenrechtliche Problem der Unzurechnungsfähigkeit in der Ehe. In: David/Schmalz, a. a. O., 56 ff.; Robert Gall, a. a. O., 135 ff.

[45] Robert Gall, a. a. O., 124.

[46] Johannes Günter Gerhartz, a. a. O., 99 f.

[47] Erwin Wilkens, Theologische Erwägungen zur Ehescheidung. In: David/Schmalz, a. a. O., 327.

[48] Augustinus, De nuptiis et concupiscentia 1, 1, 10. Zitiert bei Denis O’Callaghan, Die Sakramentalität der Ehe. In: Concilium 6 (1970), Heft 5, 352.

[49] Basilius, An Amphilochius. Brief 188 (1. Brief über Kanones) zum 4. Kanon über die Wiederverheirateten. PG 32, 677.

[50] Vgl. Anm. 36.

[51] Bernhard Häring, Grundsatztreue und pastorale Offenheit bezüglich der Ehefragen. Studia Moralia 4 (1966), 318 f. Auch Viktor Steininger spricht von „Vorwirkungsfällen des Todes“ in Hinsicht auf Gründe für die Auflösung einer bestehenden Ehe. In: „Auflöslichkeit unauflöslicher Ehen“, 1968, 164 ff.

[52] Peter Huizing, a. a. O., 586 f.

[53] Intervention des Erzbischofs Elias Zoghby vom 4. 10. 1965. Vgl. Johann Christian Hampe, Die Autorität der Freiheit III, 267.

[54] Hans Bernhard Meyer, a. a. O., 305. Stephan J. Kelleher, Das Problem der zerrütteten Ehe. In: David/Schmalz, a. a. O., 39; Norbert Wetzel, Bemerkungen zur Unauflöslichkeit der Ehe. In: Diakonia 3 (1968), 280 f.; Robert Gall, a. a. O., 198 ff.

[55] Rudolf Pesch, a. a. O., 76.

[56] Vgl. Anmerkung 1.

[57] Richard Egenter in einer Besprechung von Gyula Barczay, Revolution der Moral, Münchner Theol. Zeitschrift 20 (1969), 353 f.

[58] Hans Bernhard Meyer, a. a. O., 288.

[59] Übersetzt in David/Schmalz, a. a. O., 266.

[60] Dekret Unitatis redintegratio II, 8.

[61] Hans Bernhard Meyer, a. a. O., 305; 290 ff. Widersprechen muß man dem Verfasser allerdings, wenn er dem personalen Ehewillen einer zweiten Ehe die gescheiterte erste Ehe nur als reine kirchliche Rechtsordnung gegenüberstellt. Er nennt sie eine „rechtlich gefaßte überpersonale Institution“ (295), die nur „akzidentellen Charakter“ habe (293). Damit aber sind Wesen und Gehalt der sakramentalen Ehe nicht sachgerecht ausgesagt.

In der gleichen Reihe erschienen:

IDA FRIEDERIKE GÖRRES

## Was Ehe auf immer bindet

2. Auflage. 92 Seiten. Kart. 8,80 DM

Ida Friederike Görres war eine unerschrockene Stimme „mitten in einer Wüste von Konformismus oder verlegenem Schweigen" (J. Ratzinger). Acht Tage vor ihrem Tod hat sie das Manuskript dieser „Unsystematischen Meditation zur Unlösbarkeit der Ehe" abgeschlossen. In einer nüchternen und zugleich engagierten Analyse dieser heute oft leidenschaftlich diskutierten Frage sucht sie, inspiriert von der Fülle katholischen Glaubens, die Wirklichkeit des menschlichen Lebens zu durchleuchten, der menschlichen Not gerecht zu werden und mögliche Entwicklungen aufzuhellen. Da sie das Problem in den Zusammenhang unserer ganzen Zeitsituation stellt, gewinnt der Leser Einsichten weit über das unmittelbare Thema hinaus.

KLAUS REINHARDT / HUBERT JEDIN

## EHE — Sakrament in der Kirche des Herrn

144 Seiten. Kart. 9,80 DM

Was ist Besonderes und Unterscheidendes an der Ehe unter Christen? Hat Christus die Ehe „verändert"? Was folgt daraus, daß nach katholischer Glaubensüberzeugung Ehe Sakrament ist? Worin gründet die Unauflöslichkeit der Ehe? Diesen und anderen aktuellen Fragen geht hier aus der Sicht der katholischen Dogmatik Professor Dr. Klaus Reinhardt (Trier) nach. – Professor Dr. Hubert Jedin (Bonn), der durch seine Forschungen über das Trienter Konzil weltbekannt geworden ist, stellt die Intentionen und Hintergründe dar, die dieses große Reformkonzil zu seinen Entscheidungen in der Frage der Ehetheologie bewegten.